U0142106

生活法律
DIY

2020
最新版

輕鬆看
著作權法

吳尚昆 著

書泉出版社 印行

三版序

　　本書自2008年初版，並於2014年修訂2版後，著作權法迭經修正，此期間亦有重要法律議題引發討論，本書自應持續對著作權法的修正提出更新與調整，並補充論述重要的司法實務見解。

　　經濟部智慧財產局早於2014年4月提出著作權法全盤修正案，經行政院於2017年函請立法院審議，但迄今未通過。至2020年行政主管機關決定就部分較有爭議的重大議題另提修正草案，而就部分主管機關認為已「廣徵公眾意見及充分溝通討論」的重點條文修正案先送立法院審議，盼能儘早通過修法，本書將在相對應章節介紹最新修正案，以利讀者掌握修法動態。

　　我國於2019年6月5日公布施行《文化基本法》，這部法律值得關心與學習智慧財產權者重視，尤其該法第6條「(I)人民享受、參加與貢獻於文化生活及文化藝術活動之自由，應予以保障。(II)國家應致力於文化保存、保護與促進文化多元性，尊重各族群的主體性與文化表現形式、鼓勵不同文化間的對話與交流，並制定多元文化政策，以強化地方、中央與國際社會間對文化表現形式多樣性的協力保障與相互合作，確保所有人民與族群在文化多元性的環境中共同參與而能共生、共榮。」即呼應智慧財產權理論中的「社會規劃理論」。在文化基本法施行後，對於著作權法的解釋與適用觀點，本書亦為初步探索。

　　著作權法是一部有趣的法律，必須從政治、文化、教育、產業及市場各層面觀察及理解。本書並非單純介紹或解釋法律條文，而多強調現實中著作市場內各參與者的互動與影響，並提倡儘量以促進公共利益的角度理解著作權法，讀者當可發現其中值得討論的議題不少。對筆者而言，能夠自由的分享多元觀點，尚不足以自滿；如果能引起共鳴、觸動甚或反對、批評，筆者都會有如得知音之喜悅。

　　筆者學識有限，書中論述及觀點必有甚多謬誤，還請見諒與指正。

吳尚昆

2020/5

序言

　　知識的取得有時候需要一點興趣，更多時候需要方便的工具。在大眾媒體發達的年代，在網路資訊充沛的今天，我們獲取知識更方便、更快速了，但問題是，我們獲得了正確而完整的觀念嗎？

　　法律的制定過程是靠民主程序，但是對於法律的理解可不能人云亦云。筆者在執業律師或是在大學授課時，最常聽當事人或學生說「好像」、「聽說」、「我不知道這麼嚴重」、「我又不懂法律」（前面還要加上「因為我是老實人」）……這些話聽了很讓人頭痛，更讓人頭痛的問題是「這樣做就違法嗎？」「這樣做就合法嗎？」……

　　法律總是有很多的原則，有原則就一定有例外，例外還有例外，好像永遠沒完沒了；更糟的是，法律專家跟權威大概永遠不會說一個確定的答案，你如果問法律人你們到底能確定什麼？答案是「世界上唯一能確定的事，就是世上沒有什麼是確定的。」

　　著作權法就是一部充滿了確定與不確定內容的法律，它確定要保護作者的權益，也確定要促進國家整體文化發展，但它好像一直很難確定應該怎麼做，才能讓大家都滿意。以音樂CD為例，唱片業者抱怨盜版太多；消費者抱怨CD價格太貴；藝人抱怨缺少舞台；小吃店裝設卡拉OK讓客人唱歌被判刑；學生下載音樂被起訴，……大家都在抱怨，而且都把矛頭指向著作權法，但好像沒有人願意靜下心來看看著作權法到底是

要保護什麼？著作權法制度設計的理念是什麼？著作權法對社會、產業、文化、教育的影響是什麼？我們需要什麼樣的著作權法？

這本小書希望給大家多一些思考的空間，書中除了介紹現行著作權法的相關規定外，對著作權的基本原理也著墨不少，本書不算是嚴謹的學術著作，但所討論的問題與爭執，卻是你我生活中不容易用兩三句話就能解答的，希望讀者能輕鬆看著作權法，就著作權法對當今社會的影響，也能有更多的思索。

筆者受世新大學法學院鄭中人教授的啟蒙，開展了對智慧財產權的探索，本書中有非常多的觀念都來自鄭教授的指導；筆者能完成本書，要感謝中原大學法學院陳櫻琴教授的鼓勵，以及北京大學法學院劉凱湘教授的啟發。

本書能順利出版，要感謝五南圖書出版股份有限公司同仁的細心與耐心，筆者在煩悶的工作之餘，野人獻曝，尚祈方家不吝賜教指正；需要提醒讀者的是，本書所提供的資訊及意見是自己學習及工作心得，僅代表個人意見，如讀者在現實生活中遇具體個案，務請尋求進一步專業諮詢與支援。

謹以本書敬獻父親與母親。

吳尚昆

2007/12

目　錄

60分鐘理解著作權法

著作權的立法政策

我國著作權法第1條規定,制定著作權法的目的是:保障著作人著作權益,調和社會公共利益,促進國家文化發展。

一般人提及著作權,最直接的反應是對抗仿冒、盜版的一種權利,這樣的想法很自然會將著作權法制定的目的理解為「阻止剽竊行為,以保護作者的權益」;當然,保護作者是著作權法中很重要的目的之一,但這絕不是著作權法所宣示的唯一政策,在國家政策上,更重要的是如何促進學習及文化進步,為了達到這個目標,所以給予創作人一定範圍的獨占利益鼓勵,以激勵更多更好的創作。

關於著作權的本質,一直有兩種理論相對立:自然權理論與法定獨占理論。前者認為著作權是作者因創作所生的自然財產,後者則認為著作權是法律所賦予著作人一有限制的獨占權利。若將著作權視為「自然權利」,則著作權法所關心者,只是權利的範圍及對個人的影響;但若將著作權視為國家政策的

工具，則著作權法必須能促進有智慧、有效率的著作，以增進社會的福利。

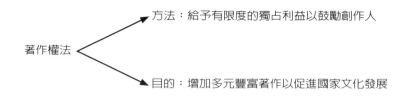

著作權法
　方法：給予有限度的獨占利益以鼓勵創作人
　目的：增加多元豐富著作以促進國家文化發展

著作權法與民法

　　著作權法的性質重在規範私人創作權益的歸屬與行使，故學者間多認爲著作權法爲私法的特別法。民法第757條規定「物權除依法律或習慣外，不得創設。」其於1929年的立法理由就指出：「……又民法爲普通私法，故其他特別物權，如漁業權、著作權、專用權等，及附屬其他物權之債權，應以其他法律規定之。」，也就是說我國立法者已將著作權法視爲民法的特別法。所以，我們也可以將著作權法視爲著作人如何支配其著作資源的法規範。

　　我國著作權法中有許多民事規範，有適用民法的必要，如：第11條雖規定「受雇人於職務上完成之著作……」云云，然若係公司之經理人、董、監事與法人間的關係，在民法上屬委任，其他員工與公司間關係則屬僱傭；又如第37條的「授權」、第39條的「設質」、第40條的「應有部分」、第88條的「損害賠償方法」、第89條之1的「損害賠償請求權的消滅時效」等規定，性質上均須適用民法相關規定。

　　著作權不是對於書籍或音樂光碟本身這個「物」的直接支

配，而是強調排除他人對著作的不當使用，民法上權利的定位為準物權。

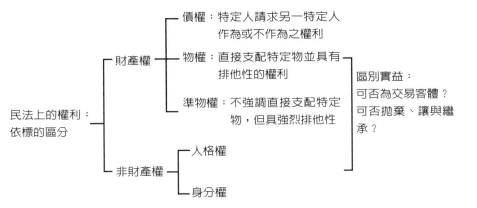

民法上的權利：依標的區分

財產權
- 債權：特定人請求另一特定人作為或不作為之權利
- 物權：直接支配特定物並具有排他性的權利
- 準物權：不強調直接支配特定物，但具強烈排他性

非財產權
- 人格權
- 身分權

區別實益：
可否為交易客體？
可否拋棄、讓與繼承？

著作權與物權

物權的排他效力是由物權的直接支配性而來，即物權人得依自己之意思，無須他人之意思或行為之介入，對標的物即得為管領處分，實現其權利內容，所強調者為對標的物的現實支配及使用收益，物權法以賦予權利人直接支配權，強調對物的充分且有效率的利用，較無疑問，因為物權的客體（標的）是在實體世界可以感知、實際占有的。

然而著作（知識商品）的價值，不在於書籍本身有形的「載體」，而在於其精神成果，換言之，著作不像客觀有體物有所謂占有與直接支配的觀念，且不會有一般有體物的滅失，造成物權消滅的情形。若著作權也如同傳統物權般強調「直接支配性」，則著作權所「支配」者顯然不易掌握，例如：取得

　　「著作物所有權」與取得「著作權」是屬二事，非著作權人即使擁有著作的原件，亦不當然得複製該著作。

　　關於著作權權利內容的認識與界定，因著作權性質無直接支配性，所以較側重於權利的排他性，即賦予權利人適度的市場獨占權，排除他人進入與該著作特定相同用途的市場，使創作者藉由財產權的創設，取得該著作財產的市場價值。

● **著作權與物權請求權**

物權請求權的內容	意義	著作權的性質
返還請求權	任何人無權占有他人之物時，權利人可以請求返還其原物。	對著作的「占有」不能表現為對實物的物理控制，而是對創作成果的「專用」，在權利救濟手段上，不可能適用「返還原物」的救濟方法。至於著作原稿的原物返還請求權則是物權效力討論的範圍，不是著作權效力的問題。
妨害除去請求權	物權的圓滿狀態被占有以外的方式所妨害，權利人可以請求排除妨害。	著作權因標的為無形，本即不以對實物的物理控制「占有」形式保護，侵害著作權的方式基本上均為占有以外的方式，故著作權應具有「妨害除去請求權」。
妨害防止請求權	凡對於所有權有妨害之虞時，權利人均得請求防止妨害。	此項效力無論是否以占有為侵害方式均有適用，著作權應具有「妨害防止請求權」。

著作權、商標權、專利權及其他智慧財產權

一般認為智慧財產權區分為與工業有關者，以及與文化發展有關者。與工業有關且受重視者為商標法、專利法，與文化發展有關者則為著作權法。不過對於智慧財產權（Intellectual Property Rights）的範圍認定，還有一些細節不盡相同。

世界智慧財產權組織（WIPO）公約所規定的智慧財產權：

1. 與文學、藝術及科學作品有關的權利。
2. 與表演藝術家的表演活動、與錄音製品及廣播有關的權利。
3. 與人類創造性活動的一切領域內的發明有關的權利。
4. 與科學發現有關的權利。
5. 與工業品外觀設計有關的權利。
6. 與商品商標、服務標章、商業名稱及其他商業標記有關的權利。
7. 與防止不正當競爭有關的權利。
8. 一切其他來自工業、科學及文學藝術領域的致力創作活動所產生的權利。

世界貿易組織（WTO）中，與貿易相關的智慧財產權協定（TRIPs）所規定的智慧財產權：
1.著作權與鄰接權；2.商標權；3.產地標示（地理標誌權）；4.工業品外觀設計權；5.專利權；6.積體電路電路布局權；7.未公開資訊的保護。

著作權法、商標法及專利法的區別

	著作權法	商標法	專利法
立法目的	保障著作人著作權益，調和社會公共利益，促進國家文化發展。	保障商標權及消費者利益，以促進工商企業之正常發展。	為鼓勵、保護、利用發明與創作，以促進產業發展。
權利主體	作者的概念。	商標註冊申請人。商標權受讓人。	區分「專利申請權人」與「專利權人」。
權利客體	一　語文著作。 二　音樂著作。 三　戲劇、舞蹈著作。 四　美術著作。 五　攝影著作。 六　圖形著作。 七　視聽著作。 八　錄音著作。 九　建築著作。 十　電腦程式著作。	商標得以文字、圖形、記號、顏色、聲音、立體形狀或其聯合式所組成。應足以使商品或服務之相關消費者認識其為表彰商品或服務之標識，並得藉以與他人之商品相區別。	發明專利。 新型專利。 設計專利。
權利的獲得	創作完成自動發生。	申請、審查、核准、註冊、公告。	申請、審查、審定、公告（新型專利採形式審）。
權利期間	原則：著作人之生存期間及其死亡後五十年。 法人為著作人之著作或攝影、視聽、錄音、電腦程式及表演著作，其著作財產權存續至其著作公開發表後五十年。	商標自註冊公告當日起，由權利人取得商標權，商標權期間為十年。商標權期間得申請延展，每次延展專用期間為十年。	發明專利權期限自申請日起算二十年屆滿。新型專利權期限自申請日起算十年屆滿。設計專利權期限自申請日起算十五年屆滿。

與著作權法相關的國家機關

著作權法第2條規定，著作權法的主管機關為經濟部；著作權業務，由經濟部指定專責機關辦理。我國現行關於著作權業務的主管機關是經濟部智慧財產局，經濟部智慧財產局的職掌包括：

1. 專利權、商標專用權、著作權、積體電路電路布局、營業秘密及其他智慧財產權政策、法規、制度之研究、擬定及執行事項。
2. 專利案件之審查、再審查、異議、舉發、撤銷、消滅及專利權之管理事項。
3. 商標申請註冊、異議、評定、廢止案件之審查及商標權之管理事項。
4. 製版權登記、撤銷、使用報酬率之訂定、強制授權之許可、著作權仲介團體之設立許可、輔導與監督、出口視聽著作及代工雷射唱片著作權文件之核驗事項。
5. 積體電路電路布局之登記及管理事項。
6. 智慧財產權觀念之宣導、侵害智慧財產權案件之調解、鑑定及協助取締事項。
7. 智慧財產權與相關資料之蒐集、公報發行、公共閱覽、諮詢服務、資訊推廣、國際合作、資訊交流及聯繫事項。
8. 其他與智慧財產權有關之事項。

由於我國著作權法有刑事責任的規定，牽涉犯罪的偵辦，

基本上偵查犯罪的主體是檢察官，一般著作權受侵害的被害人多會提出刑事告訴，受理機關為各地地方法院檢察署，檢察官依法得指揮警察進行相關偵查動作，實務上警察機關也常常接獲檢察官指示進行各種偵查動作。

　　為保護著作權所生之民事訴訟及刑事訴訟，以往均循三級三審，自地方法院、高等法院至最高法院，且此處所指法院均為普通法院；如因著作權而有行政訴訟，則循高等行政法院及最高行政法院二級二審制。

　　不過自2007年3月28日由總統公布「智慧財產案件審理法」及「智慧財產法院組織法」（均於2008年7月1日施行），我國正式成立智慧財產權專業法院，原則上全國僅設一智慧財產法院，智慧財產法院職掌之審判事務，包括與智慧財產權有關之第一及第二審民事訴訟事件、第二審刑事訴訟案件及第一審行政訴訟事件。（2020年1月15日修正公布「智慧財產及商業法院組織法」，合併智慧財產法院及商業法院為「智慧財產及商業法院」。）

● 我國目前與智慧財產權爭議有關的管轄法院

	民事訴訟	刑事訴訟	行政訴訟
第一審管轄法院	智慧財產法院	各地地方法院	智慧財產法院
第二審管轄法院	智慧財產法院	智慧財產法院	最高行政法院
第三審管轄法院	最高法院	最高法院	
備註		少年刑事案件仍由少年法院（庭）審理，不由智慧財產法院審理。	

著作權法與文化基本法

　　我國於2019年6月5日公布施行「文化基本法」，爲我國文化施政訂定重要綱領。文化基本法明定文化公民權之自由與平等原則，也明列國家應保障人民之文化近用權、語言權、智慧財產權、文化政策參與權等基本權利。爲落實上述各項權利，本法同時課予中央及地方政府在十二項文化基本施政方針的責任，包括文化保存、文化教育、博物館之發展、圖書館之發展、社區營造、文化空間、文化經濟、文化觀光、文化科技、文化交流、藝文工作者權利保障、訂定文化傳播政策。

　　除基本方針外，爲落實文化治理，文化基本法也針對文化事務相對於政府行政體系及既有法規之特殊性，訂定特別規範，包含中央與地方協力組織、中介組織、人事、預算、採購制度、文化影響評估、權利救濟等，以確保文化優先性。「文化基本法」立法後，將與其他既有文化相關法規形成完整的法律體系，以具體落實文化治理。

　　文化基本法通過後，對於著作權法的解讀、適用、修訂，都應該有新的視角與觀點。尤其在討論著作權保護的對象、範圍及限制時，亦不能忽略文化基本法第7條「(I)人民創作活動成果所獲得精神與財產上之權利與利益，應予以保障。(II)國家應獎助創作活動、保護創作者關於創作成果精神及財產上之權益、促進文化創意產業之發展，調和創作人權益、產業發展與社會公共利益，以促進國家文化發展。(III)國家應參酌國際動向、科技進步及社會發展，制定、研修相關法律，隨時對相關產業人員普及宣導。」的規定內涵。

　　現行著作權法中，著作權主管機關之職責略爲：第65條

就著作權人團體與利用人團體就著作之合理使用範圍協議過程中，提供諮詢意見。第69條辦理錄音音樂著作強制授權許可、使用報酬等。第82條設置著作權審議及調解委員會，辦理各種使用報酬得審議及權利爭議調解等事項。

在文化基本法施行後，考量著作權為文化權的一環，且為完整文化政策，上開事項宜由文化部統合辦理。（參考文化基本法第7條第2項「國家應保護創作者之權利，調和創作者權益、產業發展與社會公共利益，以促進文化發展。」）

尤其是，文化基本法第22條第1項前段規定「全國性文化事務，由文化部統籌規劃，中央政府各機關應共同推動。」

又著作權的發生採「創作完成主義」，不需審查或登記，此與智慧財產局主要業務──專利及商標不同，國際上也多將著作權業務與商標、專利分開處理。我國自1928年制定著作權法，本係由內政部為主管機關，至1999年經濟部設立智慧財產局後，才改由經濟部主管著作權業務。自文化基本法制訂施行後，就行政效率與專業分工考量，由文化部主管著作權業務，亦應有正面意義。

取得著作權的要件

著作權所保護的對象是「著作」，而著作是指文學、科學、藝術或其他學術範圍之創作。依我國現行著作權法，作者完成作品時，自然享有著作權，受著作權法的保護，不需要登記，也不需作類似「版權所有、翻印必究」或©的標示。

現今大多著作都會標示著作權資訊，並聲明不可任意侵害，這個做法除了可適當聲明自身權利外，對於有意利用者尋

求授權時，也能降低交易成本，對權利人及社會大眾均屬有利。

著作要取得著作權保護，基本上必須符合「原創性」（originality）。我國司法實務上一般認為，著作權法上所稱之「著作」，必須是具有原創性之人類精神上創作，且達到足以表現出作者個性或獨特性之程度者而言。這個原創性標準其實算是寬鬆的，大抵上依社會通念，著作與先前已存在之作品有可區別的變化，足以表現著作人之個性就可以了。

雖然取得著作權保護不須登記，表面上看來減輕了著作的負擔，但對於創作人來說，其實更需正視如何證明「著作確實是本人所獨立創作」，就此證據保存問題，宜配合契約、原稿、工作日誌、會議紀錄及適度認證等方式處理。

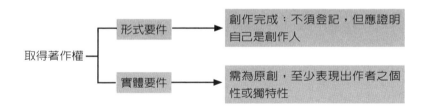

取得著作權──形式要件────→ 創作完成：不須登記，但應證明自己是創作人

取得著作權──實體要件────→ 需為原創，至少表現出作者之個性或獨特性

著作權的歸屬

作者在完成著作時，取得著作權，包括著作人格權與著作財產權。傳統觀念認為作者原則上必須是自然人，法人自身無法創作，必須假借受雇人或受任人等自然人始能完成。所以公司出資企劃之著作，其著作人原則上仍然是實際動筆的受雇人或受任人。然而在現代社會講求分工合作，以應付日趨複雜龐

大的工作，集團創作是必然的趨勢。

我國著作權法大致上採自然人創作原則，於第11條原則規定，受雇人於職務上完成之著作，其著作人是受雇人。但為因應集體創作的社會趨勢，著作權法第11條但書規定，如有契約約定以雇用人為著作人時，例外的得以雇用人為著作人。雇用人行使其著作財產權，在無違反社會使用慣例時，得使用自己的封面設計並加冠設計人或主編之姓名或名稱，在無損著作人之利益也可以省略著作人之姓名或名稱。

出資聘請他人創作，又與僱傭關係不同。當事人間是二個獨立的對等的主體，受聘人平時不支領薪資，只在一定工作完成時，享有報酬。且出資者與受聘人不必然是自然人，可能雙方都是法人。在出資聘他人創作之著作人原則上是受聘人，但當事人得以契約約定以出資人為著作人，即第12條規定，「出資聘請他人完成之著作，除前條情形外，以該受聘人為著作人。但契約約定以出資人為著作人者，從其約定。依前項規定，以受聘人為著作人者，其著作財產權依契約約定歸受聘人或出資人享有。未約定著作財產權之歸屬者，其著作財產權歸受聘人享有。依前項規定著作財產權歸受聘人享有者，出資人得利用該著作。」

● 著作權法第11條、第12條

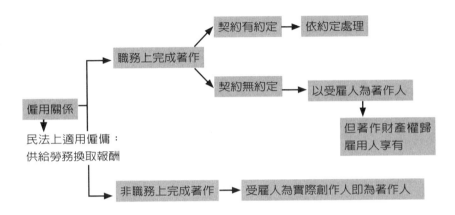

● 著作權的歸屬

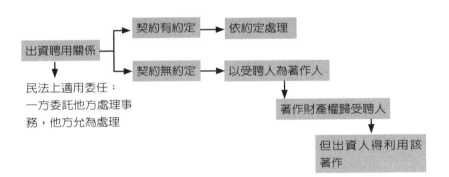

著作財產權歸屬的修法動態：2020年修法草案

　　為符合契約自由原則，讓雇用人與受雇人之約定更有彈性（如雙方各享有一部之著作財產權，或約定著作財產權由第三人享有），擬修正第11條第2項：「依前項規定，以受雇人為

著作人者，其著作財產權歸雇用人享有。但契約另有約定者，從其約定。」

　　為考量實務上法人創作，及契約自由原則，擬修正第12條第1項、第2項：「出資聘請他人完成之著作，以該受聘人為著作人。但契約約定以出資人為著作人者，從其約定。依前項規定，以受聘人為著作人者，其著作財產權之歸屬，依契約之約定；未約定著作財產權之歸屬者，其著作財產權歸受聘人享有。」

著作權的授權及讓與

　　著作權是私權，權利人對於此一財產權可在合法範圍內，設法獲取財產上利益，而對於一般財產權而言，除自身行使權利獲取使用價值外，更可藉授權或讓與取得交換價值。不過，要注意的是，著作人格權屬著作人專屬，不得授權或讓與他人，當談論到著作權的授權及讓與，僅限於著作財產權的授權及讓與。

　　著作財產權的讓與，是指權利人將權利讓與他人，即受讓人取得著作權，依著作權法第36條規定，著作財產權的讓與並不一定要全部讓與，得全部或部分讓與他人或與他人共有。著作財產權之受讓人，在其受讓範圍內，取得著作財產權。因為著作權得部分讓與，所以當事人間就著作財產權讓與之範圍應明確約定，其約定不明之部分，依法推定為未讓與，即主張受讓與人應對此負舉證責任。

　　著作財產權的授權，是指權利人本身仍保有權利，但在一定範圍內，授權他人為一定程度的利用。依著作權法第37條

規定，著作財產權人得授權他人利用著作，其授權利用之地域、時間、內容、利用方法或其他事項，依當事人之約定；其約定不明之部分，推定為未授權。又著作權的授權不因著作財產權人嗣後將其著作財產權讓與或再為授權而受影響。

著作權的授權一般分為專屬授權及非專屬授權，當事人間宜就授權程度、範圍及限制以契約明定，如契約未約定，著作權法規定：非專屬授權之被授權人非經著作財產權人同意，不得將其被授與之權利再授權第三人利用；專屬授權之被授權人在被授權範圍內，得以著作財產權人之地位行使權利，並得以自己名義為訴訟上之行為，且著作財產權人在專屬授權範圍內，不得行使權利。（不過，此處除授權約定的認定外，其餘規定於2001年11月12日本法修正施行前所為之授權，不適用之。）

現今社會對著作利用需求頗高，基於授權成本與經濟效益之考量，著作財產權人與利用人之間，若有著作權集體管理團體擔任中介角色，或許可以有效率地完成授權。因此著作權法第82條規定，著作財產權人為行使權利、收受及分配使用報酬，經著作權專責機關之許可，得組成著作權集體管理團體。專屬授權之被授權人，亦得加入著作權集體管理團體。而關於著作權集體管理團體之許可設立、組織、職權及其監督、輔導，另以法律定之。

又著作權法第37條第6項特別規定，音樂著作如有「1.經授權重製於電腦伴唱機者，利用人利用該電腦伴唱機公開演出該著作。2.將原播送之著作再公開播送。3.以擴音器或其他器材，將原播送之聲音或影像向公眾傳達。4.著作經授權重製於廣告後，由廣告播送人就該廣告為公開播送或同步公開傳輸，

向公眾傳達。」四種情形之一者，不適用第七章罰則的規定。但屬於著作權仲介團體管理之音樂著作，不在此限。

著作權權利的變動

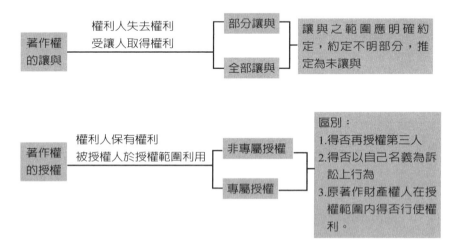

著作權法第37條

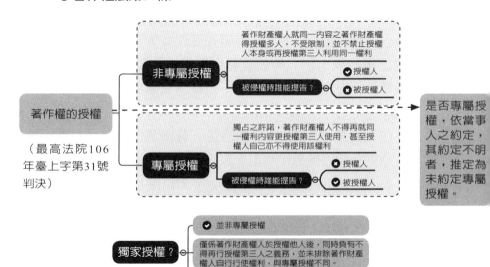

著作權的內容

　　著作權內容，分為著作人格權與著作財產權。

　　著作人格權，是人格權的一種，與個人人性尊嚴有關，具有專屬性，屬於著作人，理論上不是商業交易標的，不得讓與或繼承，著作權讓與他人，作者仍然保有著作人格權，也不因著作人死亡而消滅，著作人死亡或消滅，其著作人格權仍然存續，任何人不得侵害。著作人格權有三種：公開發表權、姓名表示權以及同一性保持權。

　　著作權法的制定主要就是將作者的創作導入市場經濟，使權利人可以藉著作權控制著作的各種市場用途，獲取市場的收益，這也是著作財產權的本旨。我國目前著作權法給予權利人十種控制市場用途的著作財產權：(一)重製權；(二)改作權；(三)公開口述權；(四)公開播送權；(五)公開上映權；(六)公開演出權；(七)公開展示權；(八)公開傳輸權；(九)散布權；(十)出租權；其他不屬於法定權利範圍的用途，則屬社會大眾所有，著作權人無法禁止。

著作權的消滅

著作人格權不因著作人死亡或消滅或因屆期而消滅。

著作財產權則因下列原因而消滅：

1. 權利期間屆滿；
2. 著作財產權人死亡，其著作財產權依法應歸屬國庫；
3. 著作財產權人為法人，於其消滅後，其著作財產權依法應歸屬地方自治團體。

著作財產權消滅後，任何人均得自由利用，就民法上侵權行為的成立要件觀察，因其著作權業已消滅，即無「權利受侵害」之可言，於客觀上即不符合侵權行為之成立要件，且該期間所完成的法律效果，依法律的規定自動發生，若仍提起民事侵權行為訴訟，則不待當事人主張著作權期間消滅，法院應依職權斟酌之，並得依民事訴訟法第249條第2項之規定，以其訴無權利保護之必要，不經言詞辯論，逕以判決駁回。

又著作財產權消滅後，著作權法中關於侵害著作財產權的犯罪條文中之「著作財產權」已無合致（該當）之餘地，行為人所為任何重製、公開口述、公開播送、公開上映、公開演出、公開展示、公開傳輸、改作、編輯或出租等行為，均非刑法意義的犯罪行為。以判斷犯罪三段論而言，行為人之行為並無「構成要件該當性」，是否具違法性或罪責則不須再討論，即不構成犯罪。若原著作權人仍提出告訴，檢察官應依刑事訴訟法第252條第8款為不起訴之處分；若原著作權人提起自訴或檢察官提起公訴，則法院應依刑事訴訟法第301條第1項諭

知無罪之判決。

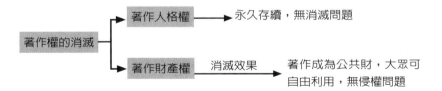

著作財產權的限制

　　我國目前著作權法給予權利人各種控制市場用途的著作財產權,即給予著作權人禁止他人為重製、改作、出租、公開口述、公開演出、公開上映、公開播送、公開傳輸或公開展示等行為之權利,就權利人以外之人而言,則是一種不為這些行為的義務。著作權的限制,是指將權利人的完整權利中割劃一部分出來供大眾使用,不必取得著作權人的同意,換言之,著作權法的權利限制即為使用人的免責條款。

　　在法律的立法技術上,著作權法對於公共利益的保護,多以限制著作權的面向出現。就此而言,著作權法中的權利限制條款,基本上可以視為著作權法中公益原則的表現,在理解著作權保護的真正內涵時,對於著作權的限制與著作權保護的內容,實應等同重視。

　　我國著作權法在第三章第四節第四款訂為「著作財產權之限制」,但就著作權法全盤觀察,實質內涵上屬權利限制之著作權條款或原則包括:

1. 表達與構想區分原則（第10條之1）

著作人所享有的著作權僅及於著作的表達方式，至於表達的內容如：思想、程序、製程、系統、操作方法、概念、原理、發現等，均屬公眾得自由使用的範圍，可認為是公共財或公共領域的範圍，在此範圍，著作權人無權利可言，任何人均能無條件的利用。

2. 法定限度保護原則（法條無明文）

限度保護原則，指著作權人的權利種類僅限於法律所規定者，雖然著作權法無明文規定，但在法理上應無疑義。著作財產權就是對著作的特定用途的控制權，著作不同的用途會帶來不同的市場收益，作者藉著對著作不同用途的控制權，以授權或轉讓的方式獲取市場利益。著作財產權給予作者的是「特定用途」的獨占權，在法定「特定用途」以外的使用方法，仍應歸屬社會大眾，凡不屬於法定權利範圍的用途，應屬社會大眾所有，著作權人不能禁止。

3. 期間限制原則（第42條）

著作權財產權有一定期間的限制，著作權期間屆滿後，著作歸於公共領域，社會大眾均得利用，著作權人不再享有該等特定市場用途的獨占權。我國著作權法第42條前段「著作財產權因存續期間屆滿而消滅。」、第43條「著作財產權消滅之著作，除本法另有規定外，任何人均得自由利用。」著作財產權一旦消滅，其著作即成為公共財或公共領域的範圍。

著作權法規定，攝影、視聽、錄音、電腦程式及表演等以外之著作財產權除本法另有規定外，從完成時存在，直到作者死亡後五十年始消滅。攝影、視聽、錄音、電腦程式和表演等著作，以及法人為著作人之著作之著作財產權從公開發表起享

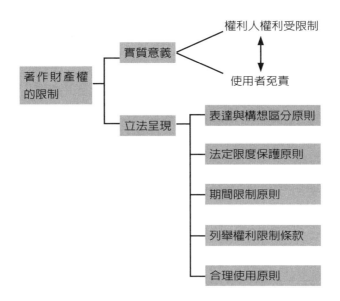

有五十年。但著作在創作完成時起五十年內未公開發表者，則以創作完成時五十年計算。另別名著作或不具名著作之著作財產權也是從公開發表起算者五十年，但如能證明著作人死亡已逾五十年者，則無著作財產權。

4. 權利限制及合理使用原則（第44條至第65條）

我國著作權法，自第44條至第63條，針對著作的種類、權利的種類、使用人的資格或使用之目的或用途，訂定著作財產權限制（豁免）條款，即符合該等要件就不認為是侵權，再於第65條第1項規定合理使用不構成著作財產權侵害的概括條款，以擴大合理使用的範圍。

合理使用

著作權法是以保護作者的著作權為出發點，所規範的都是著作權的內容；而合理使用是對該內容的限制，當然也是阻卻違法的要件。只要成立了合理使用，使用者的使用行為就不會被認定是侵權，相對而言，作者的著作權受到了限制，而使用者的使用得到了相當程度的保障。

從著作權法的政策目的來看，法規賦予著作人一定的財產上專屬權，並不是因為那些權利是「天賦人權」，而是因為法律希望藉著給予著作人獎勵，使社會上的著作質量增加，促進國家文化發展，從此可理解，著作權人僅享有著作權法上所規範的權利，至於著作權法未規範者，均屬社會大眾所共享。

申言之，從著作權法的最終目的（促進文化發展）觀察，如果著作權人的權利受到了法定限制（如：合理使用條款），應該可以理解為立法者將該被限制部分交給了社會大眾享用，即限制著作人的權利賦予使用者權利，在這個角度，合理使用可以被認為是著作權法建構使用者權的依據。

著作權法第65條第1項及第2項規定：

「著作之合理使用，不構成著作財產權之侵害。

著作之利用是否合於第四十四條至第六十三條所定之合理範圍或其他合理使用之情形，應審酌一切情狀，尤應注意下列事項，以為判斷之標準：

一、利用之目的及性質，包括係為商業目的或非營利教育目的。

二、著作之性質。

三、所利用之質量及其在整個著作所占之比例。

四、利用結果對著作潛在市場與現在價值之影響。

我國著作權法，自第44條至第63條規定了著作權限制條款，即符合該等要件就不認為是侵權，再於第65條第1項規定合理使用不構成著作財產權侵害的概括條款，以擴大合理使用之範圍。一般認為，本條文係為合理使用原則建立了一般性原則規範。著作權法第44條至第63條等合理使用條文中，如有「合理範圍」文字者，始須再依第65條第2項所定四項判斷基準予以審視是否符合合理使用，其他條文只要符合各該條規定之要件即可主張豁免不侵權。

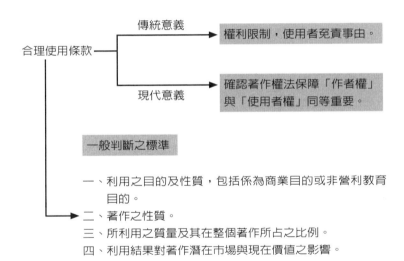

著作權的保護

在法律上討論著作權的保護方法，指的是侵害著作權的侵權人應當負擔何種法律責任，侵害著作權者可能負擔的責任可

區分為民事責任、刑事責任及行政責任。

責任基本上是指違反法律規定的人，因而承受法律所規定的制裁或處罰。責任的內容是一種具有痛苦的不利益，通常是違反義務的結果，且有國家強制力作後盾的制裁效果。

現行著作權法對於侵害著作權者仍有刑事責任的規定。刑事責任的痛苦程度為所有法律責任中最重的，因為它是以剝奪犯罪人的自由及財產為手段，達到保護法益的目的。由於刑罰的強制及痛苦性，在適用上須特別謹慎，如果不是破壞人們生活上重要利益或秩序，不宜以刑罰作為規範手段。在目前智慧財產權法制中，除專利法完全無刑罰規定外，商標法及著作權法仍維持刑事處罰規定。

就民事責任而言，著作權受侵害時，被害人對於侵害狀態得請求排除，如有侵害之虞可請求防止，如有損害並可請求侵權人為損害賠償，此與傳統民法侵權行為規範的內容相同。

目前違反著作權的行政責任，主要是海關查扣。著作權人或製版權人對輸入或輸出侵害其著作權或製版權之物者，得申請海關先予查扣。申請應以書面為之，並釋明侵害之事實，及提供相當於海關核估該進口貨物完稅價格或出口貨物離岸價格之保證金，作為被查扣人因查扣所受損害之賠償擔保。海關受理查扣之申請，應即通知申請人。如認符合前項規定而實施查扣時，應以書面通知申請人及被查扣人。申請人或被查扣人，得向海關申請檢視被查扣之物。查扣之物，經申請人取得法院民事確定判決，屬侵害著作權或製版權者，由海關予以沒入。沒入物之貨櫃延滯費、倉租、裝卸費等有關費用暨處理銷燬費用應由被查扣人負擔。前項處理銷燬所需費用，經海關限期通知繳納而不繳納者，依法移送強制執行。

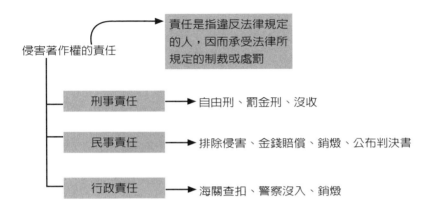

侵害著作權的責任　　責任是指違反法律規定的人，因而承受法律所規定的制裁或處罰

刑事責任　→　自由刑、罰金刑、沒收

民事責任　→　排除侵害、金錢賠償、銷燬、公布判決書

行政責任　→　海關查扣、警察沒入、銷燬

著作權制度的認識

著作權與產業發展的思考

　　談到著作權，很多人馬上聯想到打擊「盜版」，盜版是娛樂產業與文化產業的一大敵人。娛樂產業的範疇很廣，以媒體而言，包括電視、電影、廣播和系統業者；以內容而言，包括音樂、遊戲、旅遊、教育等；以硬體而言，包括劇場、觀光旅館、電影院、玩具、餐廳等；另外還有線上影音、遊戲和網咖等。事實上，隨著國民生活水準提高，各國的娛樂產業產值也逐年增加。

　　依照文化創意產業發展法第3條規定，文化創意產業，指源自創意或文化積累，透過智慧財產之形成及運用，具有創造財富與就業機會之潛力，並促進全民美學素養，使國民生活環境提升之下列產業：

　　一、視覺藝術產業。

　　二、音樂及表演藝術產業。

　　三、文化資產應用及展演設施產業。

四、工藝產業。

五、電影產業。

六、廣播電視產業。

七、出版產業。

八、廣告產業。

九、產品設計產業。

十、視覺傳達設計產業。

十一、設計品牌時尚產業。

十二、建築設計產業。

十三、數位內容產業。

十四、創意生活產業。

十五、流行音樂及文化內容產業。

十六、其他經中央主管機關指定之產業。

　　從文化創意產業的定義及範疇，都可以知道，在產業發展過程中，對於法律層面，尤其是智慧財產權，如何融入產業發展的經營策略，是很重要的一件事。

　　我們常常會發現，當一個社會強調倫理道德的重要性時，通常表示該社會缺乏倫理道德；相同地，現今社會常聽到保護智慧財產權的重要，似乎也可以合理推論現今一般人多認為對智慧財產權的保護不足。

　　BSA台灣軟體聯盟（BSA | The Software Alliance）2016年指出台灣軟體盜版率為36%，較2013年下降2個百分點，在亞太地區排名第六低。中國大陸70%，香港41%，南韓35%，新加坡30%，日本18%。日本盜版率為全球第二低，全球最低盜版率在美國，只有17%。

　　盜版真的那麼嚴重？嚴重到已經威脅產業的生存及發展？如果是這樣，我們有沒有想過為什麼美國微軟公司的老闆比爾蓋茲曾是全球首富？有沒有可能盜版的問題不只是出在消費者或使用者身上？「容忍必要範圍的盜版」會不會也是現在大企業的市場掠奪策略之一？值得思考。

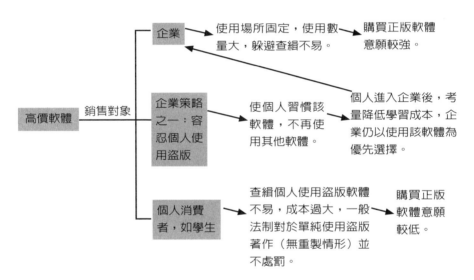

著作權的起源

　　一般人對著作權的聯想，最直接的反應是對抗仿冒、盜版的一種權利，這樣的想法很自然會將著作權法制定的目的理解為「阻止剽竊行為，以保護作者的權益」，當然，保護作者是著作權法中很重要的目的之一，但這絕不是著作權法所宣示的唯一政策，這可以從著作權法的起源談起。

　　自世界第一部關於著作權的成文法──英國的安妮女王法

案的制定過程觀察，其實著作權理念的起源與作者的關係不大，反而與書籍的製造及販賣的關係較為密切。

　　在英國安妮女王法案之前，著作權原只是出版商間以公會形式分享印製特定作品的專屬權利，而出版業對著作權的需求又與當時統治者希望以檢查制度控制對政局不利的出版品的意圖不謀而合，使得書商的獨占利益與政府的統治手段相結合。

● 英國安妮法案制定前

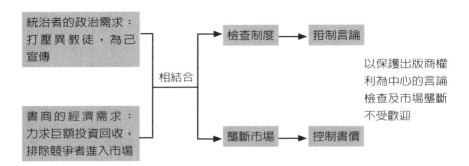

　　當1964年英國國會拒絕再次更新授權法，使書商的私人利益失去了政府的保障，書商們開始向國會請願，要求回復檢查制度，但訴求未被接受，此時書商變更策略，改為以保護作者的利益請求立法，高舉保障作者權益的大旗，說服國會保護作者權，這個策略成功了，英國於1709年制定（1710年施行）世界上第一部關於著作權的成文法，正式名稱是：An act for the encouragement of learning, by vesting the copies of printed books in the authors or purchasers of such copies, during the time therein mentioned。

　　表面上看來，安妮女王法案是為著作人的利益所制定，但

其主要得利者卻是書商,因為當時將著作印製成書需花費大量的成本(排版、印刷、校對、行銷等),一般作者不太可能有獨立出版其著作的能力,作者為了取得其創作之實質報酬,必須將著作權轉讓給有出版能力的書商,否則若書商不願將著作印製成書,作者將無任何收益可言,所以著作人與書商間受著作權法的影響不大,反而仍以契約法則支配彼此間的權利義務,換言之,需雙方當事人均同意,始發生財產權移轉的效果,書商因自作者處受讓著作權,取得法律保護,得以排除市場競爭者,成為最大贏家。

不過,安妮女王法案仍對現代著作權法制帶來重大影響,尤其在立法政策上,必須重視如何平衡作者(或書商)權益與公共利益。

● 英國安妮法案制定後對現代著作權法制的影響

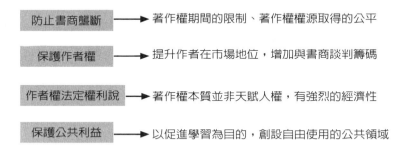

防止書商壟斷 ⟶ 著作權期間的限制、著作權權源取得的公平

保護作者權 ⟶ 提升作者在市場地位,增加與書商談判籌碼

作者權法定權利說 ⟶ 著作權本質並非天賦人權,有強烈的經濟性

保護公共利益 ⟶ 以促進學習為目的,創設自由使用的公共領域

著作權法的公益政策

1710年的英國國會清楚明白書商的獲利最大,因此在安妮女王法案中加上濃厚的公益色彩——以促進學習為目的,創

造公共領域，並緩和書商的獨占。然而時至今日，隨著各種傳播媒體的興起與革新，對著作的需求也愈來愈大，跨國大型文化事業的蓬勃發展，使得著作權幾乎成為著作人與企業家聯合壟斷的權利，著作權的公益色彩漸漸淡化而被忽視，權利人團體又因為憂心新興科技將使其既得利益的市場逐漸瓦解，總是一再地強調保護著作權的重要，透過國際條約及各國遊說立法活動，擴展著作權的保護範圍及方式，公共利益的保護已慢慢的被侵蝕。

　　其實，防止獨占與促進學習應該是世界各國著作權法的重要政策。而著作權政策一直在作者（及出版商）的私利與公共利益（使用者的權利）間努力維繫平衡，其平衡關鍵即在於如何促進國家文化的發展。

　　從市場眼光及促進學習觀察，著作權制度，如同天平，在其二端是經濟成本與大眾接近使用，而經濟成本端有競爭與獨占的拉踞，大眾接近使用端有知識擴增與限制取得理念的爭執，現代著作權制度能否成功，也許在於是否能調和上開各項重要理念或爭執的間緊張關係。

● **著作權制度圖示**

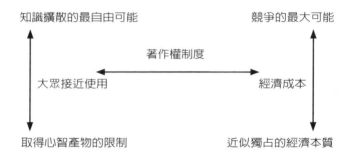

知識擴散的最自由可能　　　　　　競爭的最大可能

著作權制度

大眾接近使用　　　　　　　　　經濟成本

取得心智產物的限制　　　　　近似獨占的經濟本質

2 著作的概念

取得著作權不須登記

　　著作權所保護的對象是「著作」，而著作是指文學、科學、藝術或其他學術範圍之創作。在1985年修法以前，作者必須申請註冊登記，才能取得著作權，這種方式稱為註冊主義。1985年修法改為著作人於著作完成時，享有著作權，即創作完成時自然取得著作權，這是所謂的「自然發生主義」。

　　總之，依我國現行著作權法，作者完成作品時，自然地享有著作權，受著作權法的保護，不需要登記，也不需作類似「版權所有、翻印必究」的標示；不過，標示著作權資訊除可適當聲明自身權利外，也有利於其他利用者尋求授權，能降低交易成本，對權利人及社會大眾均屬有利。

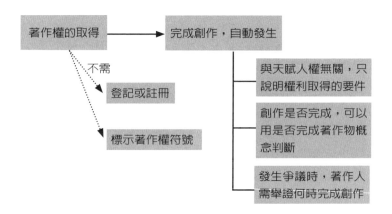

著作須具備原創性

　　著作要取得著作權保護，雖然不須登記或標示，只需創作完成就取得著作權，但基本上該完成的著作必須符合「原創性」（originality）要件。所謂原創性，係指著作的表達源於自己，只要不是抄襲他人的，就具備原創性，作者不論是天才藝術家或是一般凡人，也不論作品是不朽鉅著還是無聊塗鴉，只要是出於作者自身的創作，都具有原創性。

　　雖然原創性的概念在於區別並非抄襲他人作品，不在於著作的學術或藝術價值高低，但是原創性還是有最低的標準，我國司法實務上一般認為，著作權法上所稱之「著作」，必須是具有原創性之人類精神上創作，且達到足以表現出作者個性或獨特性之程度者而言。我國法院也曾認為所謂「原創性」，廣義解釋包括「原始性」及「創作性」，「原始性」係指著作人原始獨立完成之創作，而非抄襲或剽竊而來，而「創作性」，並不必達於前無古人之地步，僅依社會通念，該著作與前已存

在之作品有可資區別的變化，足以表現著作人之個性爲已足。

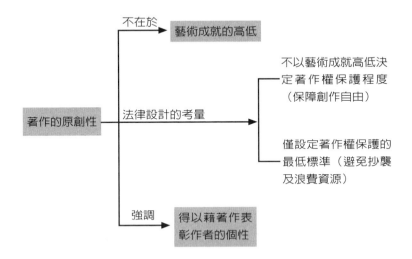

著作的類型

　　我國著作權法將著作種類區分爲語文著作、音樂著作、戲劇、舞蹈著作、美術著作、攝影著作、圖形著作、視聽著作、錄音著作、建築著作及電腦程式著作。

　　著作權所保護的著作，有些是人類自古以來就有的創作活動的產物，例如語文著作、音樂著作、戲劇、舞蹈著作、美術圖形著作、建築著作；也有因科技的發明創造新的表達工具，而發展出新的創作類型，例如：照相機的問世，帶來了攝影著作；電影的發明，創造了電影等視聽著作；錄音機的發明，產生了錄音著作；電腦技術，帶來電腦程式的著作。這些著作種類並不是絕對的區分標準，只是幫助我們便於理解而已，現今

多元化發展社會，有許多創作可以歸類為多種，而不是僅限於一種著作種類，也就是說上面的著作分類只是例示，實際上著作權法所保護的著作不以上述為限，未來因科技的發展而可能出現的新種類的著作，只要社會認為需要給予獨占權以激勵其發展的，都會受著作權法保護。

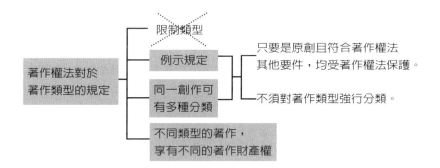

● **著作類型例示**

著作類型	例示內容	圖示
語文著作	包括詩、詞、散文、小說、劇本、學術論述、演講及其他之語文著作。	
音樂著作	包括曲譜、歌詞及其他之音樂著作。	
戲劇、舞蹈著作	包括舞蹈、默劇、歌劇、話劇及其他之戲劇、舞蹈著作。	
美術著作	包括繪畫、版畫、漫畫、連環圖（卡通）、素描、法書（書法）、字型繪畫、雕塑、美術工藝品及其他之美術著作。	

著作類型	例示内容	圖示
攝影著作	包括照片、幻燈片及其他以攝影之製作方法所創作之著作。	
圖形著作	包括地圖、圖表、科技或工程設計圖及其他之圖形著作。	
視聽著作	包括電影、錄影、碟影、電腦螢幕上顯示之影像及其他機械或設備表現系列影像，不論有無附隨聲音而能附著於任何媒介物上之著作。	
錄音著作	包括任何藉機械或設備表現系列聲音而能附著於任何媒介物上之著作。但附隨於視聽著作之聲音不屬之。	
建築著作	包括建築設計圖、建築模型、建築物及其他之建築著作。	
電腦程式著作	包括直接或間接使電腦產生一定結果為目的所組成指令組合之著作。	

衍生著作、編輯著作及表演著作

除了上述的十大類外，我國著作權法上另有衍生著作、編輯著作以及表演著作的類別：

(一) 衍生著作：就原著作（可能是上述著作類型的任一種）改作的創作，稱為衍生創作，而所謂的「改作」是指以翻

譯、編曲、改寫、拍攝影片或其他方法就原著作另爲創作。因改作而生的衍生著作仍可能歸屬於上述十大著作種類。

(二) 編輯著作：就資料之選擇及編排具有創作性者，稱爲編輯著作。編輯著作不同於一般著作的是，作者不是自行創作，而是以自己的方法挑選、安排、編輯無著作權的資料或有著作權的著作成一集著。同樣地，編輯著作也可能歸屬於上述十大著作種類。

(三) 表演著作：我國著作權法並沒有對「表演」下定義。基本上表演是針對現有的著作，由表演人的表演使之重現或還原，因此傳統上認爲表演本質上其實不是著作。傳統上，表演的收益來自於門票收入，有無著作權保護並不重要，但在錄影技術問世後，現場表演可以存錄重播，消費者不必非看現場表演不可，這會影響表演人的收入，甚至就業機會。爲保護表演人，給予類似著作權的權利，此種權利的內容是鄰接於著作（但本身非著作），所以又稱爲鄰接權。不過就我國著作權法而言，表演著作也納入著作範圍，同受著作權保護。

　　以上所述衍生著作、編輯著作及表演著作，都是對原有的著作進行某種程度的利用，就利用的結果而言，著作權法將之視爲獨立著作保護，也就是說，雖然針對原著作爲改作、編輯或表演，其成果仍然是著作權保護的對象。

● 原著作與衍生著作例示

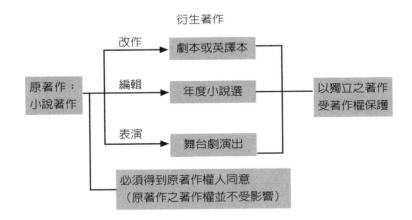

「未經原著作權人同意的衍生著作,是否受著作權保護?」由於我國著作權法並未像美國著作權法有明文規定(對於侵害他人著作權之著作,不予保護),多有爭議,有學者採肯定說,認為未經原著作權人同意的衍生著作,仍然受著作權保護,理由略為:若未經授權就他人著作為翻譯,並未發表而僅私人收藏,翻譯成果完成時,依合理使用原則,翻譯著作有著作權,此時若採否定說,則發表時著作權又消滅,理論矛盾。

本書則認為未經原著作權人同意的衍生著作,不受著作權保護,主要理由為:

1. 法諺云:「任何人都不得從他人的損失中獲利」,對於法律的解釋,必須合乎一般法律原則。
2. 既得權之保障已需受公序良俗原則之限制(最高法院88年度台上字第250號判決意旨參照),更何況權利的

　　給予，涉及資源的合理分配及交易成本，更應慎重。

3. 如同意侵權的衍生著作享有著作權，仍給予保護，會破壞法律尊嚴，也會衍生鼓勵侵權的社會影響。

4. 私人翻譯後收藏的例子，沒有合理使用問題。所謂合理使用實際上是「競爭使用」，私人翻譯收藏，根本未為著作權的利用，毋庸考量是否為合理使用。

著作權法不保護的著作

　　著作權的最終目的是鼓勵社會的學習，著作權法保護作者只是手段而已，給予作者經濟上的報酬作為其創作的獎勵，最終目的在於社會的福祉因此可提高。從反面觀察，如給予著作權，將違反此一最終的目的者，即無給予著作權保護之必要。

　　依我國著作權法第9條規定，不得為著作權之標的者計有：

(一) 憲法、法律、命令或公文。此處公文包括公務員於職務上草擬之文告、講稿、新聞稿及其他文書。

(二) 中央或地方機關所作之憲法、法律、命令或公文之各種翻譯本。

(三) 標語及通用之符號、名詞、公式、數表、表格、簿冊或時曆。

(四) 單純為傳送事實之新聞報導所作成之語文著作。

(五) 依法令舉行之各類考試試題及其備用試題。

　　上開不得作為著作權標的者，通常基於公共利益考量，如給予該等類型「創作」著作權保護，顯將使公共使用的成本增

加，不利於學習及文化傳播。

　　另外，關於色情光碟是否受我國著作權法保護，以往法院大多認為色情光碟內容與社會公共利益或促進國家文化發展無關，甚至有負面影響（至於陳列販賣色情光碟違反刑法妨害風化相關規定，則是另外一回事），多採否定見解，例如：

(一) 最高法院88年度台上字第250號刑事判決

　　按著作權法第3條第1款所稱著作，係指屬於文學、科學、藝術或其他學術範圍之創作而言，色情光碟片不屬之。蓋著作權法之立法目的除在保障個人或法人智慧之著作，使著作物為大眾公正利用外，並注重文化之健全發展，故有礙維持社會秩序或違背公共利益之著述，既無由促進國家社會發展，且與著作權法之立法目的有違，基於既得權之保障仍需受公序良俗限制之原則，是色情光碟片非屬著作權法所稱之著作，自不受著作權法不得製造或販賣等之保障。

(二) 最高法院94年度台上字第6743號刑事判決

　　系爭影片雖係上訴人獲得授權之日本國影片，並經行政院新聞局審查列為限制級影片，惟因其內容有違公序良俗，不受著作權法之保護各節，已經原判決詳敘認定之理由（見原判決理由三(五)(六)）。上訴人亦自陳其並未就系爭影片中不符合我國國情之片段內容主張擁有著作權，且於送行政院新聞局審查時已主動將之刪除等語，益見系爭影片確於著作權法之立法目的有悖，自難據以主張應受著作權法之保護。

　　不過，色情影片是否不受著作權保護，近來有更多挑戰的看法，例如智慧財產法院101年度刑智上易字第74號刑事判決，認為並非所有色情影片都不能得到著作權法的保護：

(一) 猥褻物品分為硬蕊與軟蕊，前者不受著作權保護

司法院大法官釋字第617號解釋，將猥褻物品分為硬蕊與軟蕊。前者係指對含有暴力、性虐待或人獸性交等情節，不具藝術性、醫學性或教育性價值之猥褻資訊或物品。後者係指除硬蕊之外，客觀上足以刺激或滿足性慾，而令一般人感覺不堪呈現於眾或不能忍受而排拒之猥褻資訊或物品。因硬蕊著作之性質，非屬文學、科學、藝術或其他學術價值，顯無促進國家文化發展之功能，即無保護之必要性，故探討色情著作是否受著作權法之保護，著重於軟蕊之範疇。

(二) 具有原創性之色情軟蕊著作應受著作權法保護

色情與情色不易區分。色情與猥褻之定義因時而異，並舉「查泰來夫人之情人」小說及「色戒」電影為例。不得任意加諸著作權法未規定之限制，動輒主觀認定重於著作權之私益，屆時恐變成濫用公序良俗之情形，淪為流氓條款，將嚴重影響法之安定性及交易安全。依平等原則，釋字第407號、第617號意旨，均未否定色情著作屬著作權法所稱之著作，不受著作權之保護。

(三) 著作人權益與社會公共利益的調和

著作權之取得採創作保護主義，倘色情創作符合取得著作權之要件，具有原創性而無消極要件存在，自應受著作權法之保護。著作權人對侵害有原創性之色情著作者，得依據著作權法訴究行為人之民事責任與刑事責任。基於憲法保障人民之言論、著作及出版自由，國家對於該等自由之保護密度，成為進步與民主之衡量指標。僅要為人類心力智慧之創作，應受著作權法之保護。色情著作違反社會道德或法律標準時，國家為兼顧善良風俗及青少年身心健康之維護，固可對色情著作之

製造、陳列、散布、播送、發行及持有等行為，採取適當之管
制措施，受法令之限制或規範，然不得限制色情著作取得著作
權，因具有色情性質之創作，並非不受著作權保護之標的，其
與取得著作權無涉。職是，基於著作人權益與社會公共利益之
調和，雖得限制具有原創性色情著作之著作權行使，然衡諸比
例原則，不得全面否定具原創性之色情著作應享有之著作權，
創設法律未禁止之要件。

是否屬著作權標的爭議案例整理

關於是否屬於著作權標的，我國實務有下列案例可供參
考：

案例情形	是否屬於著作權保護標的	理由	備註
以書法書寫「資料袋」三字	是	「資料袋」三字，固屬著作權法第9條第3款之通用名詞，然該三字偏經以書法書寫，自足表示作者個人書法神韻之獨特風格，且其不同於他人之筆跡，尤足自然突顯其原創性，而歸納為著作權法第5條第1項第4款之一種美術著作。	最高法院87年度台上字第3449號判決
民意調查的「數據」資料	否	「民意調查」乃社會調查之一種，係依一定之社會科學方法，就一定之題目，調查一定區域住民之意見，其依調查之結果所作成之「調查報告」，自係具有原創性之社會科學創作，而得為著作權之客體。再按本件系爭調查報告整體固屬著	臺灣高等法院84年度上字第314號判決

案例情形	是否屬於著作權保護標的	理由	備註
		作，然本案被上訴人台電公司委託威肯公司製作所刊登之廣告，引用自上訴人蓋洛普公司之民意調查報告者，並非整篇「著作」，而僅係「57.8%」此一數據而已，此數據為一事實，並不受著作權法保護。如同一個科學家，無論花了多少心力研究，得出一研究定理，一新發現，或一新數理概念，其論文固受保護，然其定理，發現或數理概念僅為一概念或事實，人人皆得利用更為新的研發，並無著作權。尤其上述短句又經報紙報導，依著作權法第9條第4款規定，更可確定無著作權。	
字典、詞典收入的名詞	否，但如字典、詞典、百科全書之編輯具原創性，仍受著作權法保護	名詞如「律師」、「法官」、「學生」等等，一般見諸字典、詞典、百科全書上之名詞均屬之，此等各詞本身雖不得為著作權之標的，但將之編輯成字典、詞典等如有原創性，則可受著作權保護。	臺北地方法院82年度訴字第4533號判決
習作範本	視編排是否具原創性而定	簿冊，如帳簿、簿冊、日記、支票簿、地址簿等，因不具備原創性，故不得為著作權標的。告訴人之上開「習作範本」乃屬編輯著作，而按編輯著作，雖明文加以保護，然編輯著作必須具有創作性，申言之必須具有原創性，也就是就資料之選取及編排具原創性，若所收集資	臺北地方法院82年度訴字第4533號判決

案例情形	是否屬於著作權保護標的	理由	備註
		料爲事實，而選取及編排欠缺原創性時，即使投入相當時間，也不受保護，自難謂其享著作權。	
大學聯考試題	否	依法令舉行之各類考試試題。	内政部(81)台内著字第8112063號函
國内各研究所入學考試、大學轉學考試及二年制技術學院入學考試試題	否	依據「大學法」有關規定舉行之公開招生考試。	經濟部智慧財產局(83)台高字第033724號函
托福考試試題	是	「依法令舉行之各類考試題」，所指之「法令」係指本國法令而言，不包含外國法令在内。「托福考試」即非上述依本國法令所舉行之考試。	内政部(81)台内著字第8112063號函
「依法令舉行之各類考試題」之解答	是	按「依法令舉行之各類考試試題」不得爲著作權之標的，本法第9條第5款固著有明文，惟該等類考試試題之解答，如符合本法著作之規定者，仍得享有著作權。	内政部(81)台内著字第8116034號函
關於各公私立高中之模擬考、複習考、隨堂測驗	否	依教育部相關函旨，關於各公私立高中舉行之模擬考、複習考、隨堂測驗，係依據高級中學學生成績考查辦法第4條規定辦理之考試。準此，該等考試試題，依著作權法規定，即不得爲著作權之標的。	經濟部智慧財產局(89)智著字第89004016號函

案例情形	是否屬於著作權保護標的	理由	備註
都市計畫圖	否	台灣省都市計畫參考圖總彙所示之都市計畫圖均為政府依都市計畫法第發布實施之公告，屬公文程式條例所定之公文，不得為著作權之標的。	內政部(81)台內著字第8118183號函

3 著作人格權

依我國著作權法規定，著作權分為著作人格權與著作財產權。著作人格權具有專屬性，屬於著作人，不得讓與或繼承，就算是著作權讓與他人，作者仍然保有著作人格權，而且著作人格權不像著作財產權有期間的限制，著作人格權不因著作人死亡而消滅，任何人不得侵害。著作人格權有三種：公開發表權、姓名表示權以及不當變更禁止權。

公開發表權

作者完成著作後，有決定公開發表其著作與否之權利，任何人不得違反作者之意思公開發表作者未發表的著作。不過，有下列情形之一者，推定著作人同意公開發表其著作：(一)著作人將其尚未公開發表著作之著作財產權讓與他人或授權他人利用時，因著作財產權之行使或利用而公開發表者；(二)著作人將其尚未公開發表之美術著作或攝影著作之著作原件或其重製物讓與他人，受讓人以其著作原件或其重製物公開展示者；

(三)依學位授予法撰寫之碩士、博士論文，著作人已取得學位者。

修法動態：2020年修法草案

考量公共利益及政策需求，如係依其他法令規定須將著作予以公開者，即有限制著作人公開發表權行使之必要，例如：學位授予法第16條第2項規定，國家圖書館保存之博士、碩士論文、書面報告、技術報告或專業實務報告，應提供公眾於館內閱覽紙本，或透過獨立設備讀取電子資料檔。因而，博士、碩士論文經國家圖書館提供公眾閱覽後，該論文即屬本法所稱已公開發表之著作，擬於現行條文第3條第15款後段，增訂依其他法令之規定向公眾公開提示著作內容者亦屬公開發表。即：「公開發表：指權利人以發行、播送、上映、口述、演出、展示或其他方法向公眾公開提示著作內容；或依其他法令之規定向公眾公開提示著作內容者，亦屬之。」

並修正第15條爲：「著作人就其未公開發表之著作享有公開發表之權利。但有下列情形之一，不適用之：

一、公務員，依第十一條及第十二條規定爲著作人，而著作財產權歸該公務員隸屬之法人享有者。

二、表演人就其表演。

有下列情形之一，推定著作人同意公開發表其著作：

一、著作人將其尚未公開發表著作之著作財產權讓與他人或授權他人利用時，因著作財產權之行使或利用而公開發表。

二、著作人將其尚未公開發表之美術著作或攝影著作之著作原件或其重製物讓與他人，受讓人以其著作原件或其重製物公開展示者。

　　有下列情形之一，視爲著作人同意公開發表其著作：

　　一、依第十一條第二項及第十二條第二項規定，取得尚未公開發表著作之著作財產權者，因其著作財產權之讓與、行使或利用而公開發表者。

　　二、依第十二條第三項規定利用該著作者。」

姓名表示權

　　著作人有權決定以本名、筆名或匿名表示其著作。如授權他人改作，也有權在從該著作衍生的著作上表示本名或筆名。但除非著作人有特別表示，或違反社會使用情形，在著作人讓與或授與他人利用其著作的情形，應忍受利用人使用自己的封面設計，以及另加設計人或主編之姓名或名。此外，依著作利用之目的或方法，於著作人之利益無損害之虞，且不違反社會使用慣例者，得省略著作人之姓名或名稱。

不當變更禁止權

　　著作人有保持其著作之完整性及同一性的權利。著作代表或反映作者之人格或名譽，任何人不得以歪曲、割裂、篡改或其他方法改變著作之內容、形式或名目，使著作違反了作者原來的人格表現，致損害著作人之名譽。

著作人格權的理由及法律效果

　　人本心理學主張，自我實現需求對人是最重要的，自我實

現才是人生存在的目的。自我實現需求人皆有之，而實際上卻只有極少數人能在生活現實中做到自我實現的地步。大凡在生活上能達到自我實現境界的人，性格獨立、情緒自然、較悅納自己和別人，而且在智能上具有較高的創造力，對環境事物及周圍世界的知覺比較清新，比別人會看得更深更遠。創作對著作人來說，是自我實現的一個過程，因此大陸法系國家大多認為著作是作者人格的延伸或人格的表現，從這個角度來說，作者創作有時未必在乎可不可以獲得一定的經濟上報酬，反而最在乎其著作的完整性，因此著作權法給予作者人身權以保護其作者完整的利益。

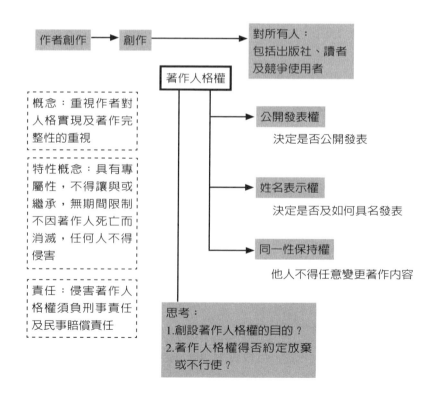

　　依我國著作權法，侵害著作人格權除須負擔民事損害賠償責任，亦有刑事處罰的規定，最高可處二年以下有期徒刑。

　　在實際市場操作上，常見出版商或著作財產權權利行使機構或單位要求作者簽署「同意不行使著作人格權」或「同意放棄著作人格權」契約條款，這樣的做法似乎違反了著作權制度賦予作者人格權，保障作者人格尊嚴完整的宗旨，且在經濟地位不平等的情況下，作者做出了等同於「放棄著作人格權」的「同意不行使著作人格權」約定，對鼓勵作者而言也是一項打擊，更有違反保護人性尊嚴之嫌。在未明文立法禁止拋棄著作人格權前，關於檢討個案中以契約限制或拋棄著作人格權的情形，應回歸民法第17條之規定「自由不得拋棄。自由之限制，以不背於公共秩序或善良風俗者爲限。」

　　又依著作權法第18條規定，「著作人死亡或消滅者，關於其著作人格權之保護，視同生存或存續，任何人不得侵害。但依利用行爲之性質及程度、社會之變動或其他情事可認爲不違反該著作人之意思者，不構成侵害。」

　　不過，此處有個理論上的難題：著作權法一方面在第18條規定，著作人死亡或消滅者，關於其著作人格權之保護，視同生存或存續，任何人不得侵害；另一方面又在第21條明定著作人格權專屬於著作人本身，不得讓與或繼承。那麼著作人過世後，著作人格權受侵害該如何救濟？

　　爲了解決死者無人格權的理論困難，著作權法第86條另規定，著作人死亡後，除其遺囑另有指定外，下列之人，依順序對於侵害著作人格權之人得請求相關民事救濟：(一)配偶；(二)子女；(三)父母；(四)孫子女；(五)兄弟姊妹；(六)祖父母。

4 著作財產權

　　從著作具經濟學上公共財或共用財（public goods）的性質出發，觀察著作權的性質，會發現著作權與傳統物權的不同。對於一般有體物（例如：桌椅、手錶），具經濟學上私有財性質，即具獨享性（競爭性）與排他性，所有人只要占有使用權利標的，幾乎可完全排除他人干涉或干擾使用，而物權即給予所有人完全控制該物所有用途的權利，在界定權利內容時則以使用、收益、處分及排除侵害為規範事項；但在具經濟學上公共財性質的著作權，特徵是具非獨享性（非競爭性）與無排他性，且其權利本身無形體，不像有體物有形體可供占有，例如著作一旦創作完成且公開發表，任何人均可不靠作者的協力使用著作，著作本身也不會因為有多少人的閱讀使用而消耗或損毀。

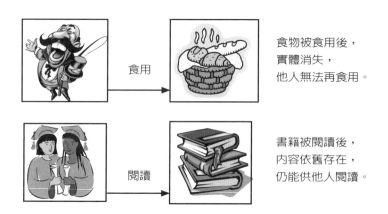

食物被食用後，
實體消失，
他人無法再食用。

書籍被閱讀後，
內容依舊存在，
仍能供他人閱讀。

　　如果決定以法律給予權利的方式保護如著作般的無體財產，就應該考慮要用何種方式界定權利內容，若像有體物一樣地給予支配權，強調其使用、收益、處分權能，權利人卻不能依靠占有權利標的排除他人使用，這樣的權利界定不切實際；但若將權利內容的認識與界定，側重於賦予權利人適度的市場獨占權，這個獨占可以在一定範圍內排除他人進入與該著作特定相同用途的市場，將能真正地使創作者取得該著作財產的市場價值。

　　著作權法的制定，主要就是將作者的創作導入市場經濟，使權利人可以藉由著作權控制著作的各種市場用途，獲取市場的收益，這也是著作財產權的本旨。我國目前著作權法給予權利人十種控制市場用途的著作財產權：(一)重製權；(二)改作權；(三)公開口述權；(四)公開播送權；(五)公開上映權；(六)公開演出權；(七)公開展示權；(八)公開傳輸權；(九)散布權；(十)出租權；其他不屬於法定權利範圍的用途，則屬社會大眾所有，著作權人無法禁止。且前開權利所重視的是排他權，而非傳統物權的積極使用、收益、處分，例如：錄音著作

的出租權（著作權法第29條第1項及第60條第1項但書）是指
錄音著作的權利人「有權禁止」他人出租所擁有的錄音產品，
而非在強調錄音著作的權利人「有權出租」所擁有的錄音產
品。

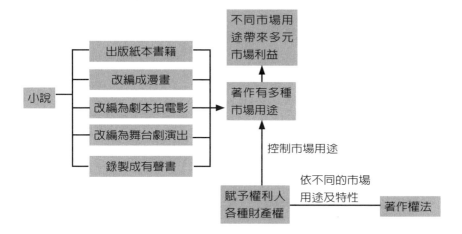

我國著作權法關於著作財產權的規定

著作財產權的內容	定義	著作種類	常見市場用途
重製權 第22條 著作人除本法另有規定外，專有重製其著作之權利。 表演人專有以錄音、錄影或攝影重製其表演之權利。	第3條第5款 重製：指以印刷、複印、錄音、錄影、攝影、筆錄或其他方法直接、間接、永久或暫時之重複製作。於劇本音樂著作或其他類似著作演出或播送時予以錄音或錄影；或依建築設計圖或建築模型建造建築物者，亦屬之。	所有著作	·書籍出版 ·錄影帶 ·錄音帶 ·將文字或音樂檔案燒錄成光碟

著作財產權的內容	定義	著作種類	常見市場用途
公開口述權 第23條 著作人專有公開口述其語文著作之權利。	第3條第6款 公開口述：指以言詞或其他方法向公眾傳達著作內容。	語文著作	·演講 ·授課 ·詩歌朗誦
公開演出權 第26條 著作人除本法另有規定外，專有公開演出其語文、音樂或戲劇、舞蹈著作之權利。 表演人專有以擴音器或其他器材公開演出其表演之權利。但將表演重製或公開播送後再以擴音器或其他器材公開演出者，不在此限。	第3條第9款 公開演出：指以演技、舞蹈、歌唱、彈奏樂器或其他方法向現場之公眾傳達著作內容。以擴音器或其他器材，將原播送之聲音或影像向公眾傳達者，亦屬之。	語文著作、音樂著作、戲劇著作、舞蹈著作	·音樂會 ·演唱會 ·舞蹈表演 ·公開場所中以音響器材播放音樂 ·消費者在KTV利用伴唱帶演唱歌曲
公開上映權 第25條 著作人專有公開上映其視聽著作之權利。	第3條第8款 公開上映：指以單一或多數視聽機或其他傳送影像之方法於同一時間向現場或現場以外一定場所之公眾傳達著作內容。	視聽著作	·電影院播放電影 ·飛機、遊覽車上播放影片 ·KTV利用電視播放伴唱帶
公開播送權 第24條 著作人除本法另有規定外，專有公開播送其著作之權利。 表演人就其經重製或公開播送後之表演，再公開播送者，不適	第3條第7款 公開播送：指基於公眾直接收聽或收視為目的，以有線電、無線電或其他器材之廣播系統傳送訊息之方法，藉聲音或影像，向公眾傳達著作內容。由原播送人	所有著作	·廣播 ·電視 ·公開場所中播放電視或廣播

著作財產權的內容	定義	著作種類	常見市場用途
用前項規定。	以外之人,以有線電、無線電或其他器材之廣播系統傳送訊息之方法,將原播送之聲音或影像向公眾傳達者,亦屬之。		
公開展示權 第27條 著作人專有公開展示其未發行之美術著作或攝影著作之權利。	第3條第13款 公開展示:指向公眾展示著作內容。	美術著作、攝影著作	・攝影展 ・畫展 ・美術展
改作、編輯權 第28條 著作人專有將其著作改作成衍生著作或編輯成編輯著作之權利。但表演不適用之。	第3條第11款 改作:指以翻譯、編曲、改寫、拍攝影片或其他方法就原著作另為創作。 第7條 編輯:就資料之選擇及編排具有創作性者。	所有著作	・翻譯書籍 ・小說改編為電影 ・編輯年度小說選
出租權 第29條 著作人除本法另有規定外,專有出租其著作之權利。 表演人就其經重製於錄音著作之表演,專有出租之權利。 第60條 著作原件或其合法著作重製物之所有人,得出租該原件或重製物。但錄音及電腦程式著作,不適用之。	民法第421條 稱租賃者,謂當事人約定,一方以物租與他方使用、收益,他方支付租金之契約。	錄音著作及電腦程式著作	・漫畫出租(不須經著作權人同意) ・電腦程式出租(必須經著作權人同意)

著作財產權的內容	定義	著作種類	常見市場用途
附含於貨物、機器或設備之電腦程式著作重製物，隨同貨物、機器或設備合法出租且非該項出租之主要標的物者，不適用前項但書之規定。			
公開傳輸權 第26-1條 著作人除本法另有規定外，專有公開傳輸其著作之權利。 表演人就其經重製於錄音著作之表演，專有公開傳輸之權利。	第3條第10款 公開傳輸：指以有線電、無線電之網路或其他通訊方法，藉聲音或影像向公眾提供或傳達著作內容，包括使公眾得於其各自選定之時間或地點，以上述方法接收著作內容。	所有著作	‧網際網路
散布權 第28-1條 著作人除本法另有規定外，專有以移轉所有權之方式，散布其著作之權利。 表演人就其經重製於錄音著作之表演，專有以移轉所有權之方式散布之權利。 第59-1條 在中華民國管轄區域內取得著作原件或其合法重製物所有權之人，得以移轉所有權之方式散布之。	第3條第12款 散布：指不問有償或無償，將著作之原件或重製物提供公眾交易或流通。	所有著作	‧出售 ‧贈與 經濟部智慧財產局解釋：「散布」，其程度以達「使公眾可取得」之情況即可，並不以現實交付為必要。

● 「著作類型」與「著作財產權種類」對照

著作財產權種類 ＼ 著作類型	語文著作	音樂著作	戲劇、舞蹈著作	美術著作	攝影著作	圖形著作	視聽著作	錄音著作	建築著作	電腦程式著作
重製權	✓	✓	✓	✓	✓	✓	✓	✓	✓	✓
公開口述權	✓									
公開演出權	✓	✓	✓							
公開上映權							✓			
公開播送權	✓	✓	✓	✓	✓	✓	✓	✓	✓	✓
公開展示權				✓	✓					
改作、編輯權	✓	✓	✓	✓	✓	✓	✓	✓	✓	✓
出租權								✓		✓
公開傳輸權	✓	✓	✓	✓	✓	✓	✓	✓	✓	✓
散布權	✓	✓	✓	✓	✓	✓	✓	✓	✓	✓

註：
1.著作權法第5條第1項著作類型（語文著作等十項）之說明見第36頁的「著作類型例示」。
2.著作財產權（重製權等十項）說明，請見第55頁的「我國著作權法關於著作財產權的規定」之定義欄位。

修法動態：2020年修法草案

　　因應科技發展需要，主管機關就數位匯流發展導致利用型態與權利範圍界線模糊之問題，修正公開播送及公開傳輸之定義；針對網路及傳播設備之發展，增訂再公開傳達權；就公開演出及公開口述不易區分之問題，將現行公開口述納入公開演出；並修正公開演出之定義及簡化公開上映之定義整併及修正

著作財產權之無形權能規定：

將現行條文之公開口述納入公開演出之定義，不做區分。並將公開演出的定義修改為：指以演技、舞蹈、歌唱、彈奏樂器、演講、朗誦或其他方法向現場之公眾傳達著作內容。將上述演出之內容，以螢幕、擴音器或其他機械設備同時向現場以外之公眾傳達，或以錄音物或視聽物向公眾再現者，亦屬之。

因應科技發展（如網路廣播），將公開播送的定義修改為：指基於公眾同時直接收聽或收視為目的，以有線、無線之廣播或其他類似之方法，向公眾傳達著作內容。由原播送人以外之人，以上述方法將原播送之著作內容同時向公眾傳達者，亦屬之。

為釐清適用爭議，將公開上映修改為：指以視聽機或其他放映影像之方法向公眾傳達著作內容。但屬再公開傳達行為者，不適用之。

為釐清適用爭議，將公開傳輸修改為：指以有線、無線或其他通訊方法，向公眾傳達著作內容，使公眾得於其各自選定之時間及地點接收著作內容。

針對網路及傳播設備之發展，增訂再公開傳達權：指將公開播送或公開傳輸之著作內容，同時以螢幕、擴音器或其他機械設備再向公眾傳達。

5 著作權市場的參與者

　　就著作市場而言，我們可以觀察作者、出版者與讀者間的三面關係，也可以從中檢視政府在著作市場中扮演的角色。由於著作權法是為了將著作導入市場經濟的法律制度，為了正確瞭解著作權法，有必要理解著作權市場各個參與者的角色與功能，更應瞭解各個參與者所重視之利益。

　　基本上，著作權市場由三方組成：創作者、企業及讀者大眾。傳統上，創作者完成創作後，通常需要藉助出版社或企業的力量（出版書籍、舉辦展覽、表演等），依創作在市場上不同的用途，獲取市場給予的經濟利益，此利益如何分配，端看創作者與企業間的談判能力及市場力量；創作者除了獲得市場利益外，更能藉著作品與世人溝通，傳達自己的理想；社會大眾在市場上取得著作物，得以滿足學習、娛樂等需求。另外雖就自由經濟而言，政府不宜介入市場，但在關心防止市場壟斷、維持公平交易、普及國民教育及促進國家文化發展等角度，政府仍扮演有一定重要性的角色。

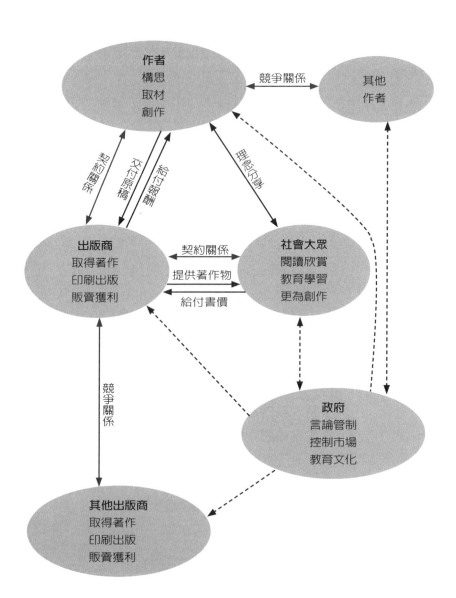

作者的地位

作者的創作動機是否一定會受著作權影響，並不能一概而論，有些著作人從事創作與是否取得金錢利益無關，雖然他們不拒絕權利金，但不以稿酬維生，創作成為興趣及理想。事實上我們也看過很多作者願意自費或補貼出版社發行自己的創作，也不在市場上販賣，只求知心讀者感動共鳴。這類作者多為業餘作家，他們所在意的是，作品的完整性及作品是否依自己希望的意思發表，至於是否有著作權制度保障其財產上收益，反而不是重點。因此對此類著作人而言，著作人格權比著作財產權來得重要。

著作權法賦予作者著作財產權，對作者的重大意義在於增加作者與企業的談判能力，作者的作品愈受市場歡迎，作者就愈有可能獲取較大的市場利潤。受著作權影響最大的作者應該是職業作家，其生活依賴稿費及權利金的收入，如果沒有著作權制度保障其財產上收益，他們可能就不會從事創作，而另就他業，對這類著作人而言，著作權期間當然愈長愈好。

目前世界各國著作權法對著作人（自然人）之著作財產權保障著作人之終身及其死後五十年（《伯恩公約》）或七十年（美國及歐盟），就作者（自然人）生前所得享受之利益並無不足，甚至可說是達到了最大保護程度（保護作者及其後代子孫共三代），不過，自然人作者在創作時，是否會考慮到其著作財產權期間延長至其死後五十年或七十年的問題，實在令人懷疑。

傳統上認為自然人才是作者，法人僅能僱用或委任自然人完成著作，但隨著社會科技進步，專業分工細緻，由法人出資

完成的著作，常常無法將之割裂而視為獨立的作品集而已，反而顯現出單一的特性與風格，百科全書、字典及電腦軟體即為適例，對於此類「法人著作」，著作權制度設計使法人得享有著作財產權，對法人著作人而言，著作權期間當然愈長愈好。

目前各國對法人著作的保護期間多是以著作公開發表後若干年計算，大型文化產業不可能滿意其既得之龐大利益竟會有終期之日，乃動用各種影響力推動修法延長著作權期間，眾所皆知者是美國1998年修正著作權法，延長著作保護期間至七十年，迪士尼公司等娛樂產業是幕後最大的推手。

其實，對職業作家而言，著作財產權的保護寬廣（例如：保護期間的延長），未必是有利的，而應更進一步思考作者的創作成本。以一般文學著作而言，作者的創作成本是指作者投入創作的時間成本，與著作權制度有關者為：查詢創作所需借用、援引及改作的部分是否受著作權保護；搜尋著作權人；取得著作權人之授權。

著作權的保護範圍愈大或公共領域的範圍愈小，作者在創作時所能自由借用或改作前人著作的難度就會增加，其創作成本自然愈高，著作物的售價也將提高，價格的提高會使銷售量（讀者對著作的需求）減少，反而影響出版社出版其創作的意願，結果使得作者的著作無發表的機會，社會上著作的種類因而減少。

我們在討論著作權法時應留意，著作權保護的範圍並不能漫無限制，理想上，應盡可能以著作的收入等於創作的成本為限度，也就是說，著作權法的任務之一，是在平衡著作人的著作收益與其創作成本。從這個角度觀察，作者在思考著作權保護時，就不能一味地企求保護範圍愈寬廣愈好了。

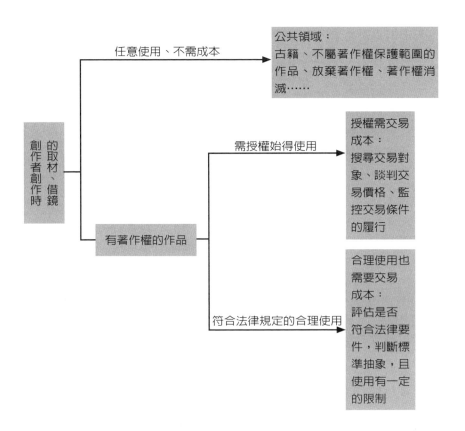

權利受讓人或繼承人的利益

　　作者的繼承人或權利受讓人雖非實際創作之人，但往往在著作權市場中扮演重要角色，因為他們往往是真正的「著作權人」。《伯恩公約》規定一般著作之著作權保護期間為著作人之生存期間及其死亡後五十年，是以著作人及其最初二代直系子孫（共三代）平均的生存期間為選定標準。各國著作權法所定保護期間雖略有不同，惟均以著作人之生存期間及其死亡後

若干年為計算標準，揆其立法意旨，都是在保護著作人的繼承人或受讓人。著作權法明白揭示應保障著作人利益，而保障著作人利益之意涵，應包括允許著作人自由處分其權利，或期待其利益得以留給後代子孫享受，所以各國著作權法均未否定著作財產權的轉讓或繼承。

繼承人或受讓人本身不是創作人，並不關心前揭「創作成本」的問題，實際上更希望著作權的保護期間盡可能地延長。1993年10月29日歐盟93/98/EEC理事會指令對於著作權的期間定為「著作人生存期間及其死後七十年」，其理由之一即在於「共同體內人民平均壽命增長，致目前所訂之期間已不足涵蓋二代子孫」。美國於1998年10月27日生效的著作權修正法案（the Sonny Bono Copyright Term Extension Act），在支持修法的理由中，人民平均壽命增長也是主要原因之一。

然而，著作權制度保障繼承人的權益範圍愈大，對其他現存或未來的創作人，甚至對社會大眾愈不利。因為，著作人的繼承人並不易為世人所知，希望利用著作者尋覓權利人並與之洽談授權事宜，勢必困難，交易成本自然增加，不利於新創作的出現。而且著作權期間得延續，使著作物的價格難以降低，社會大眾閱讀使用的成本也隨著增加，自然對社會大眾愈不利。至於以保障著作人之繼承人為修法延長保護期間的理由，亦值商榷，因為如果著作權制度真的關心繼承人的權益，則何需允許著作人生前轉讓其著作權？又何須連同法人著作之保護期間一併延長？

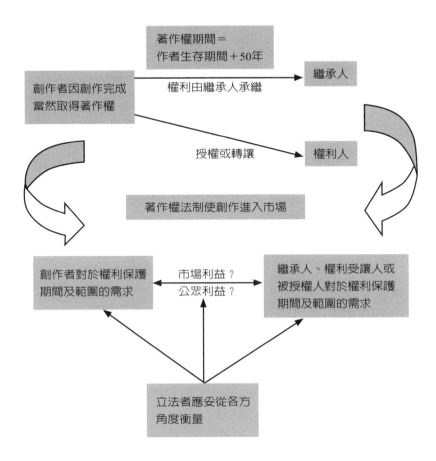

著作權市場中出版商的力量

現實上，在傳統以印刷術為中心的著作市場，如果作者想要著作廣為發行，幾乎必須依靠出版者為其出版著作，而出版社為了確保經濟利益，多要求作者將著作權（全部或部分）轉讓與出版社，出版社於此時始取得著作權的保障。

　　印刷產業在早期發展時，就有獨占的情形，事實上出版業者一直在爭取建立保障其獨占的法制，而因作者通常將其著作權轉讓給出版社以換取著作發行的機會，著作權法中保護作者的財產上利益通常由出版社享有。

　　早期印刷產業所面對的環境是固定成本的昂貴與不確定、相關法制與保險的缺乏、產品的不完全及高運輸成本等並不成熟的市場，出版業者為了生產著作產品，必須投入大量的、相同的固定成本，為了償付這些固定成本，出版者當然希望能賣出大量的產品，而且產品的價格不但要涵蓋邊際成本，還要能償還固定成本。

　　然而自由市場的競爭，可能會使價格僅等於邊際成本，使出版者所投入大量的固定成本無法回收，因而降低了出版者投入市場的意願，產生了市場失靈，這項市場失靈就是生產者因為預期將來必然的損失，而放棄生產。為了解決這種市場失靈，就是給予生產者（出版者）獨占的保護，使價格不具競爭性，讓出版者得以回收其投入之大量固定成本。

　　問題是印刷產業市場成熟後，為何仍須有獨占的保護？這個問題與著作的公共財性質有關，簡言之，市場上第一個出版者須花費成本取得著作（例如：向作者購買原稿），但隨後的出版者卻能輕易地取得著作物加以複製，並以較低的價格打擊第一個出版者，一想到利益的削減甚至虧損，則沒有人願意成為第一個出版者，這時競爭市場所面臨的是另一種市場失靈，也就是供給不足，因此需要著作權法給予適當的獨占保護。

　　在出版社享有著作權的情形（自作者處受讓著作權或取得作者之授權），著作權保護範圍愈廣，出版社所能享受的獨占利益愈大，且出版社不須考量創作成本因而增加的因素，反而

僅考量淨收入是否最大，所以出版社有很強的動機推動著作權
保護期間之延長。

　　有人認為合法出版社出版成功的書籍的獨占收入，仍可對
社會大眾有貢獻，因為該收益可以補貼不成功的書籍所造成的
損失，所以著作權會促使出版社勇於發行無法確定的新書，
使社會上的著作種類具多元性；但出版社在看到書籍銷售成
功時，其直接反應可能是繼續出版同樣性質的書籍，以確保收
益，更不願意出版「冷門」書籍，對著作多元化反而不利。

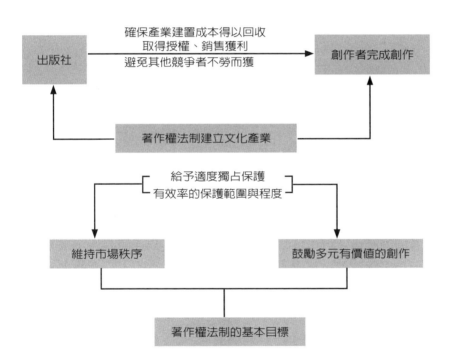

讀者的角色

　　傳統上絕大多數的讀者閱讀的目的，就在於享受樂趣及獲取新知，但某些讀者並非單純的閱讀者，而是欲利用、借用著作內容而更為創作，即與作者有競爭性的使用者，這類讀者所在意者，除了著作物的售價是否為其所接受外，更重視對其創作成本的影響。著作權保護的範圍愈廣，競爭性使用者的創作成本（查尋有無著作權、取得授權）愈高，增長創作時間，甚至影響其更為創作的動機。

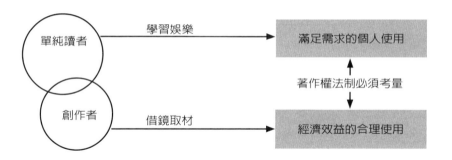

　　所以，考量著作權的權利保護時，不可忽視著作人及競爭者間的關係。借用或改作而有競爭情形，以同類著作為主，讀者是否購買第一著作或第二著作，除了內容是否符合需求外，更重視作者的學經歷、權威性、知名度，第一著作首先進入市場，享有先占利益，第二著作若能縮短創作時間，儘早進入市場，也許可及時分沾第一著作的利益，若其借用改作之成本低於第一著作之創作成本，則得以較低的售價爭取市場，不過第一著作也得以先入市場的優勢，從事價格競爭。

　　對一般單純的讀者而言，著作有無著作權，大致上並不會

影響其購買的意願，如果同種類的著作內容近似、作者的權威相同，則價格將影響讀者的需求。適當的著作權保護期間，使第二著作的成本能夠降低，且削弱第一著作的價格，使大多數的書籍都有替代品，而不使著作物價格上漲。所以，理性的讀者，自然希望著作權保護期間能夠縮短，以減少購買著作物的費用。而且著作進入公共領域後，讀者並非能不花成本地取得與利用，尤其是對那些年代久遠或絕版的書籍而言，保存或搜尋成本都將隨著時間增加而增加；不過現代傳播科技的進步與發展，對社會大眾的閱讀、學習會有很大的幫助，尤其網際網絡的發展，更是讓理念的分享有了極大的發展空間。

　　從激勵理論而言，著作權是一種功能性的觀念，其鼓勵作者創作、散布其創作，目的在於促進社會大眾的學習，所憑藉的手段是誘導而非懲罰威脅。作者可以將其著作束諸高閣或付之一炬，但若其欲享受著作權所創造的利益，必須將其作品行銷於市場。

　　著作權制度要求作者使其著作成為可利用的，以利現代或將來的人學習，從這個角度來看，著作權法的立法可以被視為是立法者與著作人就社會大眾利益所進行的商議過程：國家給予作者特定獨占而有限制的權利，在保護期限過後，大眾得以接近使用該著作；也就是說，限定的期間就是在確保公共領域的著作得以累積成為文化資產。

6 著作權市場參與者利益的平衡

　　著作權制度能否成功，在於是否能調和各個著作權市場參與者的利益，也可以說是在平衡著作權利人與公眾利益間的緊張關係，在釐清著作權市場各參與者的角色與地位後，我們可更進一步觀察著作權制度應如何回應著作權市場各參與者所重視的利益。

創作者重視人格權與財產權的保護

　　前面曾經提過，創作對著作人來說，是自我實現的一個過程，換言之，著作是作者人格的延伸或人格的表現，在某種程度上，作者不見得在意是否取得經濟上報酬，反而更在乎其所創作的作品，在公開於世人面前時，是否能按照自己的意思來呈現，所以作者最在乎其著作的完整性，因此著作權法中給予作者人格權，以保護其作者完整的利益，包括：公開發表權、姓名表示權及同一性保持權。

　　在理論上，著作人格權與著作財產權相對，許多人在談論

著作人格權時，似乎認為著作人格權與作者能否取得經濟上利益無關，但在實際上，著作人格權當然可以作為作者獲取經濟上利益的一項工具，因為作品要問世幾乎無法免除公開發表權、姓名表示權及同一性保持權的內容及範圍，出版社要得到作者的同意讓作品問世，勢必就著作人格權的內容與作者洽商，這也是我們常看到出版一方（出版社、書商、政府機關）要求作者同意「不行使著作人格權」的理由。

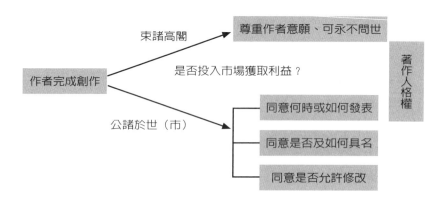

著作權制度基本上是以給予作者財產權為中心，並環繞作者權為相關制度的設計。從傳統印刷術時代到電視、電影等媒體技術的發展，作者要將作品問世，獲取市場利益，還是必須要與企業家合作。但所謂「合作」，必須彼此經濟地位、資訊均等，至少追求共同利益，因此作者對於自身到底享有多少著作財產權，以及著作財產權在市場上可能獲取的價值，都是非常重要的資訊，掌握此資訊，可協助作者與企業家談判時做出正確的選擇，因此在法律制度的設計上，可以多考量如何使作者與企業家較無障礙的達成協議，且此協議是對雙方均有利的。

　　雖然經濟學者認為在私有產權下，任何共同協議的契約條件都是得到許可的，儘管他們不一定要得到政府執行機構的支持；如果有些契約協議在一定程度上受到禁止，私有產權就被否定了。不過，由於著作權轉讓契約的雙方當事人未必均有充足的資訊，尤其是作者是否有足夠的締約能力，常令人懷疑，因此關於著作權法及契約法如何相互運用，這是著作權市場參與者（尤其是創作者與企業家間）共同關心的重點。

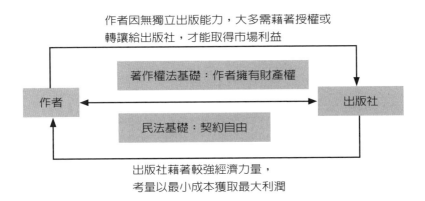

作者因無獨立出版能力，大多需藉著授權或
轉讓給出版社，才能取得市場利益

著作權法基礎：作者擁有財產權

作者　　　　　　　　　　　出版社

民法基礎：契約自由

出版社藉著較強經濟力量，
考量以最小成本獲取最大利潤

企業家的市場權

　　資訊不會因使用而消耗減損，可持續地隨時間累積，通常認為此種特性給予社會正面的外部經濟（external economy，指個人、廠商及社會對此正面經濟效益不須付費），換言之，此種外部經濟使資訊的社會利益大於私人收益。又因為著作具經濟學上公共財或共用財性質，不易向使用者收取報酬，此未收取報酬部分的外部經濟，對大眾而言也是社會利益。企業家考量前開其未收取的價值所帶來的外部經濟，會將之適度地反

映於資訊的售價上，但也可能因投資風險過大，而致供給不足。

資訊的市場價格原則上可以視爲消費者的邊際效用，而消費者的邊際效用依其相關性、瞭解與吸收能力而不同，因此資訊的價格隨消費者而有別。例如：美國最新發展的太空技術與落後國家的產業相關性低，但對歐洲或日本來講卻不同，這除了牽涉到產業需求外，也與學習能力有關。

新興工業國家或開發中國家，或因技術或其市場資訊不足，或因談判能力或籌碼欠缺，或因智慧財產權的屬地主義或其他市場進入困難，不但沒有享受低價優惠，反而必須支付更高的價格，例如：目前美國軟體商在世界各國對於軟體的售價均不同，其中是否有利用獨占地位訂定不合理價格，或與電腦製造商簽定搭售契約，構成不正當競爭行爲，都應受重視。

今日企業家憂慮著作權制度在新科技的衝擊下保護不足，主要是因爲一般認爲，原則上資訊一旦產生，複製及傳遞成本幾近乎零，這與資訊的生產成本相較，微不足道。其實，使用資訊不是沒有成本，尤其是使用資訊前的學習成本，特別是技術資訊的使用，必須有起碼的技術才可能吸收利用新的資訊，這也是爲何國際間科學技術差距懸殊的原因之一。

現今大眾傳播使最新的科學發現或創造發明的資訊，迅速同步傳遍世界各個研究團體或相關產業，但新興工業國家或開發中國家中，或許有少數菁英擁有足夠的知識可以瞭解這些最新的科學或技術知識，但一般社會因爲沒有基本的技術，以致無法應用它們。這種技術的差距，形成一種自我的排他性，限制新興工業國家或開發中國家使用。瞭解這種特性，也會讓我們在考量擴大權利保護範圍時，可以稍緩腳步，觀察市場的變化以爲妥適因應。

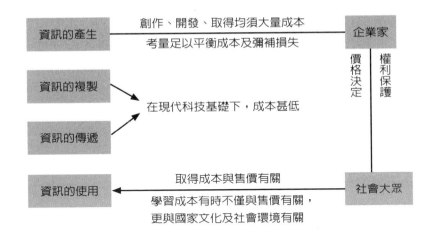

使用者的學習權

　　著作權法雖然沒有明文規定使用者的權利，但使用者確實擁有法律上明示的或暗示的權利，我們更可以正面思考承認使用者。從著作權法的政策目的來看，法規賦予著作人一定的財產上專屬權（著作財產權），並不是因為那些權利是「天賦人權」，而是因為法律希望藉著給予著作人獎勵，使社會上的著作質量增加，促進國家文化發展。從此處可理解，著作權人僅享有著作權法上所規範的權利，至於著作權法未規範者，均屬社會大眾所共享。申言之，從著作權法的最終目的（促進文化發展）觀察，如果著作權人的權利受到了法定限制（如：合理使用條款），應該可以理解為立法者將該被限制部分交給了社會大眾享用，即剝奪著作人權利而賦予使用者權利，因此著作權權利的限制也可以被視為建構著作權法中使用者權的依據。

　　再就交易成本觀念來看著作權制度，立法者給予作者一定

的專有權利，禁止他人未得允許即擅加利用，也就是說想要利用著作權之人應該要找到著作權人，雙方進行協商達成協議，並執行協議內容，著作權人與利用人間就授權事宜的互動過程都需要成本，而且這些交易成本通常過高，使得利用人很難真正取得著作權人的授權（尤其是電視、電影等現代娛樂事業所涉及的著作權歸屬狀況更是複雜），這對國家文化發展可能會有不利影響，因此立法者設計了合理使用機制與其他著作權限制條款，讓利用人在一定的情況下，不需支付任何代價，也得以利用著作，使得著作得以流傳，達到知識累積與文化發展的目標。在這個情形下，立法者所衡量的是，著作權人的保障與國家文化發展如何取捨，甚至有學者認為在考量社會整體福祉下，「免費使用，但不付錢給著作權人」比「不使用，也不付錢」高明許多。

從正面承認著作權法中積極保障使用者權利，在著作權法發展的歷史上，有相當重要的意義，這樣的看法不再僅將著作權法視為保障作者因創作所得的「自然權利」，而更進一步洞悉著作權法的真正政策內涵在於促進文化的創新與發展。就此而論，著作權法所賦予著作人的權利受到限制（如：存續期間的限制或合理使用），真正重點其實不在於如何限制著作權人，而在於如何能達到著作權法的立法目的，也就是促進國家文化發展。再進一步觀察，既然促進國家文化發展是著作權制度的目的，則如何保障使用者權利，即不容忽視，也就是說，不應僅將使用者視為著作權市場的消費者，而更應思考賦予使用者相當程度的權利，使著作能被充分利用，使國家達到促進學習及文化發展的目標。

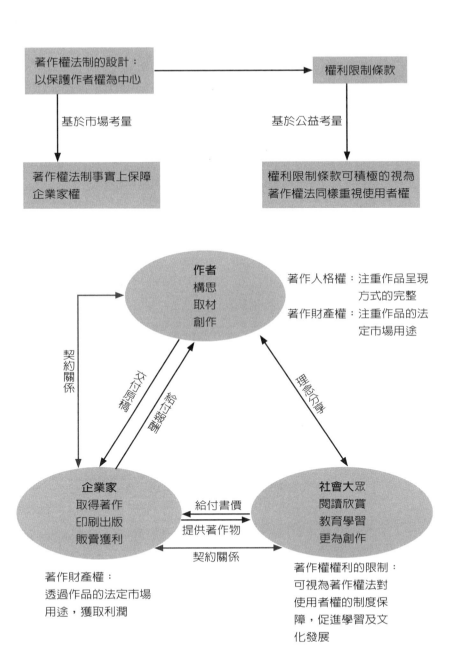

7 著作權保護範圍及期間的限制

　　著作權法的立法設計是以保護作者權爲中心，但在經濟上的現實面，作者權通常與書商企業的利益結合，而自世界上第一部著作權的成文法——英國安妮女王法案制定後，除了正面保護作者權益外，防止獨占與公共領域的保護幾乎成爲世界各國著作權法的重要政策，在立法技術上，著作權法對於公共利益的保護，多以限制著作權的面貌出現。

　　著作權法中的權利限制條款，基本上可以視爲著作權法中公益保護原則的表現，在理解著作權保護的眞正內涵時，對於著作權的限制與著作權保護的內容，應同樣重視。本節所述內容在我國著作權法的編排上並非列爲著作權的限制，但在實質上是對於著作權予以限制，同樣地，這些限制也可以作爲著作權保護公共利益的表現。

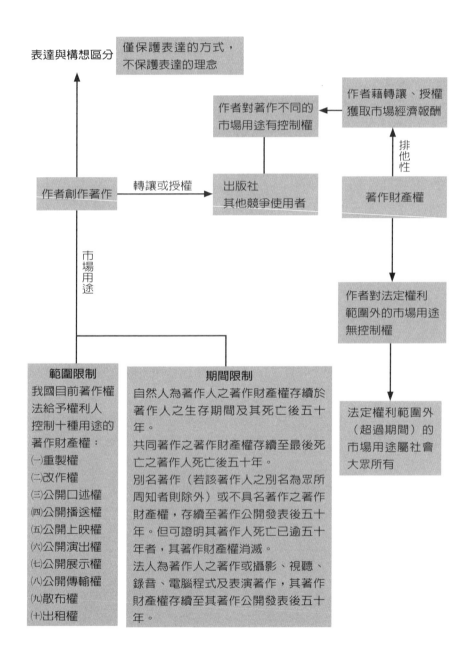

表達與構想區分原則

關於著作權保護的範圍，有所謂的表達與構想區分（expression/idea）原則，即指著作權僅存在於著作的表達方式，而非所表達的內容。此原則源於美國十九世紀的法院判例，而於1976年予以明文化立法，世界貿易組織（WTO）的與貿易相關之智慧財產權協定（TRIPs）則於第9條第2項有類似的規定，我國則於1998年修正著作權法時參考上開立法例，將此原則列為第10條之1：「依本法取得之著作權，其保護僅及於該著作之表達，而不及於其所表達之思想、程序、製程、系統、操作方法、概念、原理、發現。」

從此原則可推論出，著作人所享有的著作權僅及於著作的表達方式，至於表達的內容如：思想、程序、製程、系統、操作方法、概念、原理、發現等，均屬公眾得自由使用的範圍，可認為是公共財或公共領域的範圍，在此範圍，著作權人無權利可言，任何人均能無條件地利用。

此原則的立法目的，在於確保公共領域或公共財產不被作者個人所獨占，是著作權公益原則的具體表現之一。表達與構想區分的理論概念說起來很簡單，但實際應用卻複雜困難。表達與構想是個相對的概念，依著作的性質與種類而不同，例如：歷史小說的表達方式，經常因限於歷史事實而相對有限，在敘述歷史事實的情節時，難免與既有著作相近似，著作權法對此不妨採較寬鬆標準面對。相反地，像科幻小說就可任由作者憑空想像而無限制，從而科幻小說作者在設計相關情節時，即需謹慎是否與前人著作雷同。

如果表達與構想合致時，換句話說，除了這種表達方法之

外，沒有第二種方法可以表達該構想者，例如單純為傳達事實之新聞報導，此時表達與構想合而為一，無法區分，應將視之為著作表達的概念，不受著作權保護。

表達方式具有多樣性，隨著所表達的內容而有異，例如：機器的安裝、使用或維修手冊，因受制於機器的功能，其表達方式自然相對有限。而且此一原則與著作的篇幅長短也有關，例如：電腦軟體的表達方式，受速度與電腦記憶體的限制而有限，但如電腦軟體規模愈長愈大，其表達方式隨之愈多。

另應注意的是，表達方式少的著作，如仍具備著作權其他要件，只要不是表達與構想完全合致，仍然應該受著作權保護，只不過受保護的範圍會較小，換句話說，認定構成侵害著作權的相似程度，必須相對提高。

羅密歐與茱麗葉
義大利的維羅納城，兩個分處於敵對家族的戀人。二人於舞會一見鍾情後方知對方身分，茱麗葉為逃離家庭，服毒假死，羅密歐誤以為茱麗葉逝世後，心痛不已，亦於茱麗葉身旁服毒自盡。最後茱麗葉醒後發現羅密歐屍首，亦感生無可戀，繼而用匕首自殺。

表達方法

梁山伯與祝英台
中國古代東晉時，祝英台女扮男裝與梁山伯同窗三年，感情深厚，但梁山伯不知祝英台是女兒身。梁山伯知道好友是女紅妝後，向祝家提親，然祝英台已許配給馬文才。梁山伯因過度鬱悶而死。祝英台出嫁，經過梁山伯的墳墓，下轎哭拜，墳墓塌陷裂開，祝英台投入墳中，其後墳中冒出一對彩蝶，雙雙飛去。

表達的概念：純真的愛情、被家庭反對阻撓的愛情、悲劇收場的愛情

法定限度保護原則

　　限度保護原則，指著作權人的權利種類僅限於法律所規定者，不在法定範圍的用途，儘管有經濟利益，也不受法律保護。

　　以美國1790年的著作權法為例，當時受著作權法保護的標的僅有具原創性的書籍、地圖及圖表，且權利僅限於一定期間內（最多二十八年）的印製、重製、出版及販賣；在當時對原著作的摘要（digest）、刪節（abridgement）及翻譯（translation）均不被認為是對著作權的侵害。

　　限度保護原則的起源，一部分是因為著作權法的時代環境，早期印刷科技的運用還是件昂貴的事情，印刷出版產業的保障其實是立法者心中的重要課題，既然當時對書籍的經濟利用就是印製與出版，則法律僅對此加以保護，亦不足為奇。另一個較重要的原因，則剛好與印刷出版產業的保障相對立，是為了限制出版業的獨占。

　　著作權制度是為了將著作引入市場機制所建立，著作權內容則以著作的使用方法去界定權利，著作財產權就是對著作的特定用途的控制權，著作不同的用途會帶來不同的市場收益，作者藉著對著作不同用途的控制權，以授權或轉讓的方式獲取市場利益，作者獲得經濟上報酬的鼓勵，以激勵作者多從事創作，使社會的學習及文化的累積得以發展，這正是著作權利法的一項重要精神。

　　作者對著作不同用途的控制權，在法律上的設計是「排他權」，也就是說，在法律上不強調「作者能如何利用著作」，而是強調「未經作者同意，不得對著作為特定用途的使用」，換句話說，「對著作為某些特定用途的使用，必須得到作者的

同意」。另值注意的是，著作財產權給予作者的是「特定用途」的獨占權，在法定「特定用途」以外的使用方法，仍應歸屬社會大眾，凡不屬於法定權利範圍的用途，應屬社會大眾所有，著作權人不能禁止。

不過，有些國家立法例對著作財產權有大範圍概括的保護，例如：中國大陸著作權法第10條第(5)項至第(17)項列舉十三種用途的著作財產權：複製權、發行權、出租權、展覽權、表演權、放映權、廣播權、信息網絡傳播權、攝製權、改編權、翻譯權、彙編權及應當由著作權人享有的其他權利。前揭「應當由著作權人享有的其他權利」，一般認為是為了避免立法的滯後而給權利人帶來經濟上的損失，當著作權人所享有中國大陸「著作權法」第10條第(5)項至第(16)項所定財產權以外的其他財產權受侵犯時，法院可以根據該概括條款來保護著作權人的權益；甚至認為該「應當由著作權人享有的其他權利」條款是一「兜底條款」，至少尚包括：注釋權、整理權、

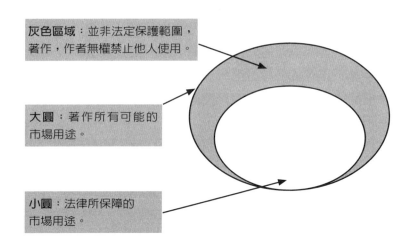

灰色區域：並非法定保護範圍，
著作，作者無權禁止他人使用。

大圓：著作所有可能的
市場用途。

小圓：法律所保障的
市場用途。

以有線方式直接公開廣播或傳播作品的權利、製作錄音製品的
權利、按照設計圖建造作品的權利，且「理論上作品有多少種
使用方式，作者就有多少種權利」。這樣的看法，將使權利人
的權利無限擴大，違背「限度保護原則」，而有忽視公共利益
之嫌，且對於權利的界定不明確，能否有效率的配置資源，頗
值深思與檢討。

　　依照目前台灣著作權法對於著作財產權的規範，權利人
可以藉著著作權控制著作用途，獲取市場的收益，著作權法
給予權利人控制十種用途的著作財產權：(一)重製權；(二)改
作權；(三)公開口述權；(四)公開播送權；(五)公開上映權；
(六)公開演出權；(七)公開展示權；(八)公開傳輸權；(九)散布
權；(十)出租權；在法律解釋上，以及制度的合理性上來說，
不屬於上開著作權法所規定法定權利範圍內的用途，應屬社會
大眾享有，著作權人無權禁止。

期間限制原則

　　著作權財產權不是永久恆存的權利，而有一定期間的限
制，著作權期間屆滿後，著作歸於公共領域，社會大眾均得利
用，原著作權人不再享有該等特定市場用途的獨占權。著作權
法第42條前段「著作財產權因存續期間屆滿而消滅。」第43
條「著作財產權消滅之著作，除本法另有規定外，任何人均得
自由利用。」總之，著作財產權一旦消滅，其著作即成為公共
財或公共領域的範圍。

　　現行著作權法關於著作財產權存續期間的規定，基本上是
根據1992年修法所確立的架構，簡要說明如次：

1. 自然人為著作人之著作財產權存續於著作人之生存期間及其死亡後五十年。（第30條第1項）而為了鼓勵將著作公開發表，若著作於著作人死亡後四十年至五十年間首次公開發表者，著作財產權之期間，自公開發表時起存續十年。（第30條第2項）

2. 共同著作之著作財產權存續至最後死亡之著作人死亡後五十年。（第31條）

3. 別名著作（若該著作人之別名為眾所周知者則除外，即仍適用第30條）或不具名著作之著作財產權，存續至著作公開發表後五十年。但可證明其著作人死亡已逾五十年者，其著作財產權消滅。（第32條）

4. 法人為著作人之著作或攝影、視聽、錄音、電腦程式及表演著作，其著作財產權存續至其著作公開發表後五十年。但著作在創作完成時起算五十年內未公開發表者，其著作財產權存續至創作完成時起五十年。（第33條、第34條）

5. 著作權保護期間之起算點為著作完成時；終期之計算，則以期間屆滿當年之末日為期間之終止。（第13條、第35條第1項）

6. 繼續或逐次公開發表之著作，依公開發表日計算著作財產權存續期間時，如各次公開發表能獨立成一著作者，著作財產存續期間自個別公開發表日起算。如各次公開發表不能獨立成一著作者，已能獨立成一著作時之公開發表日起算。而此情形如繼續部分未於前次公開發表日後三年內公開發表者，其著作財產權存續期間自前次公開發表日起算。（第35條第2項、第3項）

● 著作財產權期間屆滿後，權利消滅

著作人格權永遠存續，無期間限制

自然人的語文、音樂、戲劇、舞蹈、美術、圖形、建築著作

創作完成　　　　自然人生存期間　　　　50年

自然人的攝影、視聽、錄音、電腦程式及表演著作

法人著作　　　　50年

創作完成　公開發表　50年

原則上從公開發表時起算。

如著作在創作完成時起算五十年內未公開發表，

以創作完成時起算。

著作權的合理使用

合理使用條款的定位

　　著作權法中的合理使用條款是著作權制度就公益原則所發展的重要表現，其適用的精神涵蓋文化發展、經濟因素、市場競爭，甚至與憲法中的人權保障均有關聯。我國著作權法將合理使用置於第三章（著作人及著作權）第四節（著作財產權）第四款（著作財產權之限制）內，立法意旨認為合理使用法則是對著作權人權利的限制，以免阻礙知識之利用。

　　在法律適用邏輯上，先假定使用著作基本上為不法侵權行為，但因有合理使用情形，所以具備阻卻違法事由或欠缺實質違法性，故不予處罰。這種看法基本上是以著作權法是「作者的法律」為出發點，對作者權利的限制，只要成立了合理使用，則使用者的使用行為就不會被認定是侵權，相對而言，作者的著作權受到了限制，而使用者的使用得到了相當程度的保障。

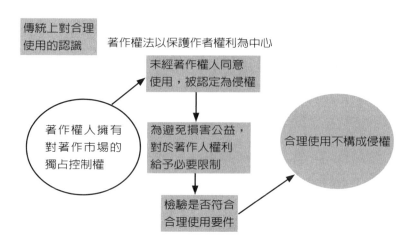

傳統上對合理使用的認識

著作權法以保護作者權利為中心

著作權人擁有對著作市場的獨占控制權

未經著作權人同意使用，被認定為侵權

為避免損害公益，對於著作人權利給予必要限制

檢驗是否符合合理使用要件

合理使用不構成侵權

　　我們也可以將著作權的合理使用視為「使用者權利」，也就是說，不僅將合理使用視為消極性的防禦侵權事由，而更進一步將之視為立法者賦予作者專屬權利之同時，一併賦予社會大眾使用著作之權利。

　　就法律效果而言，只要構成合理使用就不被認定為侵權，從消極面或積極面看合理使用，沒有多大意義。不過從著作權法的政策目的來看，法規賦予著作人一定的財產上專屬權，並不是因為那些權利是「天賦人權」，而是因為法律希望藉著給予著作人獎勵，使社會上的著作質量增加，促進國家文化發展，從此可理解，著作權人僅享有著作權法上所規範的權利，至於著作權法未規範者，均屬社會大眾所共享。立法者將著作權人被限制的部分交給社會大眾享用，可以被認為是著作權法建構使用者權的依據。

合理使用的
現代精神　著作權法以促進學習及文化發展為最高宗旨

著作權
對著作市場有限
度的控制權

法律給予著作人權利
是為了鼓勵創作

社會著作多元
促進學習
文化發展

使用者權
以合理使用條款
為依據

我國著作權法關於合理使用的規定

　　我國著作權法的立法架構，自第44條至第63條規定了著作權限制條款（參閱後列整理表），即符合該等要件就不認為是侵權，再於第65條第1項規定合理使用不構成著作財產權侵害的概括條款，以擴大合理使用之範圍。不過要注意的是，這裡所討論的著作權限制條款，對著作人之著作人格權不生影響，著作權法第66條規定：「第四十四條至第六十三條及第六十五條規定，對著作人之著作人格權不生影響。」而從立法體系到法條文義解釋，都很難說合理使用規定可以適用於著作人格權，但依著作權法第18條規定「著作人死亡或消滅者，關於其著作人格權之保護，視同生存或存續，任何人不得侵害。但依利用行為之性質及程度、社會之變動或其他情事可認為不違反該著作人之意思者，不構成侵害。」則可將之視為著

作人格權限制條款的一般規定。

我國現行著作權法第65條規定：

「著作之合理使用，不構成著作財產權之侵害。

著作之利用是否合於第四十四條至第六十三條所定之合理範圍或其他合理使用之情形，應審酌一切情狀，尤應注意下列事項，以為判斷之基準：

一　利用之目的及性質，包括係為商業目的或非營利教育目的。

二　著作之性質。

三　所利用之質量及其在整個著作所占之比例。

四　利用結果對著作潛在市場與現在價值之影響。

著作權人團體與利用人團體就著作之合理使用範圍達成協議者，得為前項判斷之參考。

前項協議過程中，得諮詢著作權專責機關之意見。」

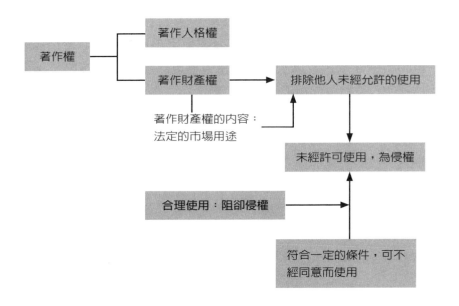

合理使用條款的適用

2014年1月以前我國著作權法，自第44條至第63條規定了著作權限制條款，即符合該等要件就不認為是侵權，再於第65條第1項規定合理使用不構成著作財產權侵害的概括條款，以擴大合理使用之範圍，我國著作權法並未要求需先檢驗是否合於第44條至第63條規定後，始能適用合理使用原則，因為第65條第2項係將「是否合於第四十四條至第六十三條規定」及「其他合理使用」並列，所以一般認為，本條文係為合理使用原則建立了一般性原則規範。

但問題是，2014年修法前自第44條至第63條的著作權限制條款大都以「合理範圍」為要件，又於第65條第2項規定：「著作之利用是否合於第四十四條至第六十三條規定或其他合理使用之情形，應審酌一切情狀，尤『應』注意下列事項，以為判斷之基準：一、利用之目的及性質，包括係為商業目的或非營利教育目的。二、著作之性質。三、所利用之質量及其在整個著作所占之比例。四、利用結果對著作潛在市場與現在價值之影響。」即無論第44條至第63條條文是否出現了「合理範圍」字眼，在適用各條文時，均應就第65條第2項所定四項基準為判斷。既然該四項基準是合理使用的判斷基準，則顯然不單是將第44條至第63條僅認為是合理使用的例示規定，更要求適用各該「例示規定」仍應適用合理使用的四項判斷基準。

這樣的立法將本來已逐漸具體的阻卻違法型態，再要求全部重新適用抽象的判斷基準，使得所有著作財產權的限制判斷均成為抽象的合理使用的判斷，如此不僅增加法官在個案認

定上之困擾，而且社會大眾在利用各項著作時，仍須一一就「一、利用之目的及性質，包括係為商業目的或非營利教育目的。二、著作之性質。三、所利用之質量及其在整個著作所占比例。四、利用結果對著作潛在市場與現在價值之影響。」為評估，恐將增加合理使用的交易成本，降低合理使用意願，不利大眾學習及促進文化發展。

2014年1月22日修正施行之著作權法第65條第2項規定，修改為「是否合於第四十四條至第六十三條所定之合理範圍或其他合理使用之情形」，釐清著作權法第44條至第63條等豁免規定中，如有「合理範圍」文字者，始須再依第65條第2項所定四項判斷基準予以審視是否符合合理使用，其他條文只要符合各該條規定之要件即可主張豁免侵權。

著作權法第65條規定判斷合理使用有四項基準：一、利用之目的及性質，包括係為商業目的或非營利教育目的；二、著作之性質；三、所利用之質量及其在整個著作所占之比例；四、利用結果對著作潛在市場與現在價值之影響。這四項基準並需就個案綜合判斷，實務上也不是說營利性質就不符合合理使用，而非營利行為就是合理使用。

很多人誤以為：「營利就不是合理使用，不營利就是合理使用。」對此，最高法院就合理使用的分析，有較細膩的分析，可資參考，即最高法院94年度台上字第7127號判決要旨：「著作權法第六十五條第二項第一款所謂『利用之目的及性質，包括係為商業目的或非營利教育目的』，應以著作權法第一條所規定之立法精神解析其使用目的，而非單純二分為商業及非營利（或教育目的），以符合著作權之立法宗旨。申言之，如果使用者之使用目的及性質係有助於調和社會公共利

益或國家文化發展，則即使其使用目的非屬於教育目的，亦應予以正面之評價；反之，若其使用目的及性質，對於社會公益或國家文化發展毫無助益，即使使用者並未以之作為營利之手段，亦因該重製行為並未有利於其他更重要之利益，以致於必須犧牲著作財產權人之利益去容許該重製行為，而應給予負面之評價。」

上開最高法院判決，從正面看合理使用的成立，並提出公益原則的衡量標準，突破傳統營利／非營利二分法，值得重視。

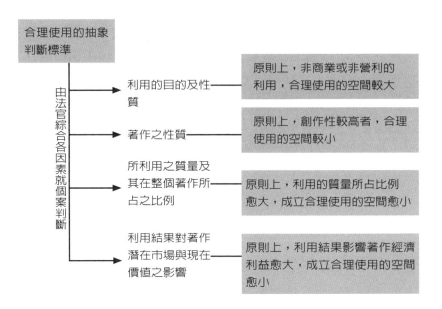

修法動態：2020年修正草案

　　為使著作財產權限制規定更加明確，俾利遵循，修正現行條文第44條至第63條等著作財產權限制規定之適用要件，並刪除相關條文所定在合理範圍內之要件（除現行條文第51條規定外），使其不須再依現行條文第65條第2項合理使用概括條款之判斷基準再行檢視，只要符合各該規定，即可利用。

個人使用與合理使用

　　我國著作權法於2004年修法時，於第91條第4項增列「著作僅供個人參考或合理使用者，不構成著作權侵害。」著作權法第65條第1項既然已經規定「著作之合理使用，不構成著作財產權之侵害。」第91條第4項除合理使用外又增列「個人參考」，令人不免想像我國著作權法是否除合理使用外，又增加了個人使用的免責空間。

　　經濟部智慧財產局對此做出解釋認為「第91條第4項所謂『僅供個人參考』僅在強調既有第44條至第65條合理使用條文中，與個人參考有關之事項，並未擴大既有合理使用條文之範圍，故並未在既有合理使用制度之外，另行創設一個刑事免責之範圍。」「第91條第4項『僅供個人參考』之規定，乃屬合理使用之例示規定，本身並未擴大或限縮第44條至第65條合理使用之範圍，於判斷有無違反第91條之1、第92條、第93條及第94條規定時，仍應判斷有無第44條至第65條規定，構成合理使用，以決定其是否違反各該條規定。」

　　前面提到過合理使用是基於公益的目的而發展出來的法

則，但並非營利使用或商業使用就不能主張合理使用了，相反地，合理使用法則的重要性，往往是在商業使用中才能顯現，以下用合理使用的重要內涵之一「競爭使用」為例說明。

競爭使用是指其他作者、翻譯者、出版者於其競爭著作（或稱第二著作）中對原著作的特定使用。一般而言，無論創新的著作對文化貢獻多大，都不太可能憑空杜撰，毫無所本。如果我們允許著作權人（包括其繼承人或受讓人）得完全永久獨占其著作，不許他人使用，則其他創作者將無從利用有價值或無價值的作品，更為創新或發揚，除非是天才，否則所謂創新文化，將幾乎成為空談。

競爭者所使用的不是「著作」或「著作物」，而是「著作權」（copyrightable elements）。競爭者所在乎者，係競爭者得否出版其競爭著作（或稱第二著作），而享受著作財產權之權能，而原作者（或稱第一作者）所關心者係第二著作是否重製或改作了第一著作的內容，因而侵害了第一作者的著作財產權，換句話說，第一作者與第二作者間競爭的標的是著作財產權。著作權人所需要的保護（或是說所在乎的保護），應該是在著作權市場上對抗不合法的剽竊者。而合理使用原則指允許競爭者在著作權市場上對第一著作的「著作財產權」為合理使用，既然只有競爭者才對使用「著作財產權」有興趣，因此有學者認為「合理使用條款」應稱為「合理競爭使用條款」。

與前開競爭使用不同的是個人使用，意指使用者僅單純地使用著作，沒有藉使用著作而在著作權市場牟利之意圖，也沒有利用第一著作完成第二著作，而同時於市場上競爭的情形。承認個人使用的概念，可以強化著作權法亦保障使用者權的觀念，而且如果符合個人使用之要件，在一定的條件下，就不必

再檢視合理使用法則中較為抽象的標準，因此美國學者L. Ray Patterson & Stanley W. Lindberg提出個人使用與合理使用的區別原則。個人使用指的是：對著作私下地個人使用，而不受合理使用條款之拘束，且個人使用不會有向公眾販賣或散布的情形，也不會對已存在市場具有合理價格的著作具有功能替代性；如果不符合個人使用要件，再檢驗是否符合合理使用。

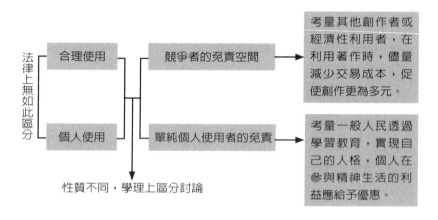

再仔細觀察個人使用，還可以區分為二個型態：未擁有著作物所有權的個人使用及擁有著作物所有權的個人使用。前者指一般個人並未取得著作物之所有權，但基於合理使用目的，在合理範圍內製作一份或數份著作複製物，例如：一般讀者至圖書館，基於學術目的，複製期刊中的一篇論文，供自己研究之用；後者指一般個人在合法取得著作物後，對於該著作物的個人使用，例如：消費者購買CD或書籍後，基於自己備份或基於自己異時異地使用的目的，再製作一份或數份著作複製物。

就未擁有著作物所有權的個人使用而言，因為使用者使用

前並未在市場上以合理價格取得著作物，使用後再付費購買著作物的機會也不大，對於著作權人在市場的收益自然會有影響；相反地，就擁有著作物所有權的個人使用而言，其實與個人對於其財產的充分利用比較有關係，當消費者花了大筆金錢購買了一張音樂CD，他當然要防範該CD不慎毀損，他也會希望在家中、辦公室的個人空間及自用車上均能聆聽該CD內之音樂，基於這樣的目的，消費者將其購買的音樂CD，另外複製了好幾份，但均供個人使用，並無對外販售或散布之行為，事實上並不會減損該CD內音樂著作的市場價值，因為該個人使用者已經付出了一定的代價，而且賦予使用者這種個人使用權，消費者考量付出合理的價格就可以充分享受該著作之市場價值，更促使消費者願意付費購買著作物，使著作物的銷售量增加，在此情形，甚至不需考量合理使用的要件，就可以直接認定使用者的重製行為並不違法。不過，既然現行法並未就此型態的個人使用有具體的免責規定，還是要適用合理使用原則，才有可能阻卻違法。

我國著作權法中，除了前面說的第91條第4項「著作僅供個人參考或合理使用者，不構成著作權侵害。」是否有可能成為個人使用免責的一般規定，尚有爭論外，其他尚有部分條文蘊涵個人使用空間，略述如次：

第48條第1款「供公眾使用之圖書館、博物館、歷史館、科學館、藝術館或其他文教機構，應閱覽人供個人研究之要求，重製已公開發表著作之一部分，或期刊或已公開發表之研討會論文集之單篇著作，每人以一份為限之情形，得就其收藏之著作重製之。」此處所規範的直接對象是供公眾使用之圖書館、博物館、歷史館、科學館、藝術館或其他文教機構，不過

實際上，允許提供個人研究時可重製著作。

第51條「供個人或家庭為非營利之目的，在合理範圍內，得利用圖書館及非供公眾使用之機器重製已公開發表之著作。」此處是針對個人或家庭為直接規範對象，條文並未區分是否擁有著作物所有權，理論上均能適用，且只要是供個人或家庭為非營利目的即可（不需如第48條第1款以個人研究為要件），不過要注意的是，該條文明示需在合理範圍，且限定使用機器之種類，僅限於利用圖書館及非供公眾使用之機器。

第59條第1項「合法電腦程式著作重製物之所有人得因配合其所使用機器之需要，修改其程式，或因備用存檔之需要重製其程式。但限於該所有人自行使用。」此處很容易看出來，是在規範擁有著作物所有權的個人使用，但該條文僅限於「電腦程式著作」，對於其他著作，並未有類似規定。

至於在第87條之1第1項第3款，規定「為供輸入者個人非散布之利用」為阻卻構成侵害輸入權要件之一。此規定適用於擁有著作物所有權的個人，但僅單純規範使用者輸入著作物免責的問題，並不涉是否重製或利用其他著作財產權的問題。

我國著作權法對著作財產權的限制（使用人免責的要件）之整理

著作權限制種類	允許利用著作權的主體	要件	允許的利用行為	備註	修法動態：2020年修正草案
第44條立法或行政	中央或地方機關。	在合理範圍內，因立法或行政目的所需，認有必要將他人著作列為內部參考資料時。	重製。翻譯。	但依該著作之種類、用途及其重製物之數量、方法，有害於著作財產權人之利益者，仍構成侵權。	中央或地方機關因立法或行政目的所需，認有必要將他人著作列為內部參考資料時，得利用他人之著作。但違反著作之正常利用，且依該著作

著作權限制種類	允許利用著作權的主體	要件	允許的利用行為	備註	修法動態：2020年修正草案
				利用時應明示其出處。仍應審酌著作權法第65條第2項的四項標準。	之種類、用途及其重製物之數量、利用方法，不合理損害著作財產權人之利益者，不在此限。
第45條司法	任何人。	在合理範圍內，專為司法程序使用之必要。	重製。翻譯。	但依該著作之種類、用途及其重製物之數量、方法，有害於著作財產權人之利益者，仍構成侵權。利用時應明示其出處。仍應審酌著作權法第65條第2項的四項標準。	專為下列各款使用之必要，得利用他人之著作：一、司法程序。二、行政救濟程序。三、請願或陳情程序。四、專利、商標或藥事之申請程序。前條但書規定，於前項情形準用之。
第46條教學	依法設立之各級學校及其擔任教學之人。	在合理範圍內，為學校授課需要。	重製。改作。散布。	但依該著作之種類、用途及其重製物之數量、方法，有害於著作財產權人之利益者，仍構成侵權。利用時應明示其出處。仍應審酌著作權法第65條第2項的四項標準。	依法設立之各級學校及其擔任教學之人，為學校授課目的之必要範圍內，得重製、改作、散布、公開演出、公開上映及再公開傳達他人已公開發表之著作。前項情形，經採取合理技術措施防止未有學校學籍或未經選課之人接收者，得公開播送或公開傳輸他人已公開發表之著作。第四十四條但書規定，於前二項情形準用之。新增第46條之1：依法設立之各級學校或教育機構及其擔任教學之人，為教育目的

著作權限制種類	允許利用著作權的主體	要件	允許的利用行為	備註	修法動態：2020年修正草案
					之必要範圍內，得公開播送或公開傳輸他人已公開發表之著作。但有營利行為者，不適用之。前項情形，除符合前條第二項規定外，利用人應將利用情形通知著作財產權人並支付適當之使用報酬。
第47條第1項、第2項教科書及教具	編製教科書之人或教育行政機關。	1. 為編製依法令應經教育行政機關審定之教科用書，或教育行政機關編製教科用書者，在合理範圍內，就他人已公開發表之著作。2. 編製附隨於該教科用書且專供教學之人教學用之輔助用品，在合理範圍內，就他人已公開發表之著作。但以由該教科用書編製者編製為限。	重製。改作。編輯。散布。	利用時應明示其出處。仍應審酌著作權法第65條第2項的四項標準。利用人應將利用情形通知著作財產權人並支付使用報酬。使用報酬率，由主管機關定之。	為編製依法規應經審定或編定之教科用書，得重製、改作或編輯他人已公開發表之著作。前項規定之教科用書，得由編製者散布或公開傳輸。第一項重製或改作及前項散布規定，於該教科用書編製者編製附隨於該教科用書且專供教學之人教學用之輔助用品，準用之。前三項情形，利用人應將利用情形通知著作財產權人並支付使用報酬；其使用報酬率，由主管機關定之。
第47條第3項學校	依法設立之各級學校或教育機構。	為教育目的之必要，在合理範圍內，就他人已公開發表之著作。	公開播送。散布。	利用時應明示其出處。仍應審酌著作權法第65條第2項的四項標準。利	

著作權 限制種類	允許利用著 作權的主體	要件	允許的 利用行為	備註	修法動態： 2020年修正草案
				用人應將利用情形通知著作財產權人並支付使用報酬。使用報酬率，由主管機關定之。	
第48條 圖書館、 博物館	供公眾使用之圖書館、博物館、歷史館、科學館、藝術館或其他文教機構。	就其收藏之著作，於下列情形之一： 一　應閱覽人供個人研究之要求，就已公開發表著作之一部分，或期刊或已公開發表之研討會論文集之單篇著作，每人以一份為限。 二　基於保存資料之必要者。 三　就絕版或難以購得之著作，應同性質機構之要求者。	重製。 翻譯（僅限於應閱覽人供個人研究之要求，就已公開發表著作之一部分，或期刊或已公開發表之研討會論文集之單篇著作，每人以一份為限）。 散布。	不需審酌著作權法第65條第2項的四項標準。	供公眾使用之圖書館、博物館、歷史館、科學館、藝術館或其他典藏機構，於下列情形之一，得就其收藏之著作重製或散布之： 一　應閱覽人供個人研究之要求，重製已公開發表著作之一部分，或期刊或已公開發表之研討會論文集之單篇著作，每人以一份為限。但不得以數位重製物提供之。 二　基於避免遺失、毀損、或其儲存形式無通用技術可資讀取，且無法於市場以合理管道取得而有保存資料之必要者。 三　就絕版或難以購得之著作，應同性質機構之要求者。 四　數位館藏合法授權期間還原著作之需要者。

著作權限制種類	允許利用著作權的主體	要件	允許的利用行為	備註	修法動態：2020年修正草案
					國家圖書館基於文化保存之目的，得重製下列著作： 一　依圖書館法或其他法令規定應送存之資料。 二　中央或地方機關或公法人於網路上向公眾提供之資料。 依第一項第二款至第四款及前項規定重製之著作，符合下列規定者，得於館內公開傳輸提供閱覽。但商業發行之視聽著作，不適用之： 一　同一著作同一時間提供館內使用者閱覽之數量，未超過該機構現有該著作之館藏數量。 二　提供館內閱覽之電腦或其他顯示設備，未提供使用者進行重製、傳輸。
第48-1條 論文摘要	中央或地方機關、依法設立之教育機構或供公眾使用之圖書館。	就下列已公開發表之著作所附之摘要： 一　依學位授予法撰寫之碩士、博士論文，著作人已取得學位者。 二　刊載於期刊中之學術論文。	重製。 翻譯。 散布。	利用時應明示其出處。 不需審酌著作權法第65條第2項的四項標準。	

著作權限制種類	允許利用著作權的主體	要件	允許的利用行為	備註	修法動態：2020年修正草案
		三 已公開發表之研討會論文集或研究報告。			
第49條 時事報導	以廣播、攝影、錄影、新聞紙、網路或其他方法爲時事報導者。	在報導之必要範圍內，就其報導過程中所接觸之著作。	利用。翻譯。散布。	利用時應明示其出處。條文用語爲「必要範圍」，似仍應審酌著作權法第65條第2項的四項標準。	
第50條 政府著作	任何人。	在合理範圍內，以中央或地方機關或公法人之名義公開發表之著作。	重製。公開播送。公開傳輸。翻譯。散布。	利用時應明示其出處。仍應審酌著作權法第65條第2項的四項標準。	中央或地方機關或公法人爲提供公共資訊之目的，以其名義公開發表之政策說明資料、調查統計資料、報告書或其他類似之著作，得利用之。
第51條 個人或家庭使用	任何人。	在合理範圍內，就已公開發表之著作，供個人或家庭爲非營利之目的。	重製（須利用圖書館及非供公眾使用之機器）。改作。	仍應審酌著作權法第65條第2項的四項標準。	供個人或家庭爲非營利之目的，在合理範圍內，得利用圖書館及非供公眾使用之機器重製已公開發表之著作。前項所定合理範圍之判斷，應審酌一切情狀及第六十五條第二項各款規定事項。
第52條 報導、評論、教學、研究	任何人。	在合理範圍內，就已公開發表之著作，爲報導、評論、教學、研究或其他正當目的之必要。	引用。散布。	利用時應明示其出處。仍應審酌著作權法第65條第2項的四項標準。	爲報導、評論、教學、研究或其他正當目的，在必要範圍內，得以引用之方式利用已公開發表之著作。

著作權限制種類	允許利用著作權的主體	要件	允許的利用行為	備註	修法動態：2020年修正草案
第53條第1項（2014年1月21日修法前）	任何人。	就已公開發表之著作，為視覺障礙者、聽覺機能障礙者。	以點字、附加手語翻譯或文字重製之。翻譯。散布。	利用時應明示其出處。仍應審酌著作權法第65條第2項的四項標準。	
第53條第2項協助視障聽障（2014年1月21日修法前）	以增進視覺障礙者、聽覺機能障礙者福利為目的，經依法立案之非營利機構或團體。	就已公開發表之著作，專供視覺障礙者、聽覺機能障礙者使用。	以錄音、電腦、口述影像、附加手語翻譯或其他方式利用。翻譯。散布。	利用時應明示其出處。仍應審酌著作權法第65條第2項的四項標準。	
第53條第1項（2014年1月22日修法後）	中央或地方政府機關、非營利機構或團體、依法立案之各級學校。	為專供視覺障礙者、學習障礙者、聽覺障礙者或其他感知著作有因難之障礙者使用之目的。	以翻譯、點字、錄音、數位轉換、口述影像、附加手語或其他方式利用已公開發表之著作。依此規定製作之著作重製物，得障礙者、中央或地方政府機關、非營利機構或團體、依法立案之各級學校間散布或公開傳輸。	利用時應明示其出處。不需審酌著作權法第65條第2項的四項標準。	
第53條第2項（2014年1月22日修法後）	視覺障礙者、學習障礙者、聽覺障礙者或其他感知著作	為供該障礙者個人非營利使用。	以翻譯、點字、錄音、數位轉換、口述影像、附加手語或	利用時應明示其出處。不需審酌著作權法第65條第2項的四項標準。	

著作權限制種類	允許利用著作權的主體	要件	允許的利用行為	備註	修法動態：2020年修正草案
	有困難之障礙者本人或其代理人。		其他方式利用已公開發表之著作。依此規定製作之著作重製物，得障礙者、中央或地方政府機關、非營利機構或團體、依法立案之各級學校間散布或公開傳輸。		
第54條試題	中央或地方機關、依法設立之各級學校或教育機構辦理之各種考試。	就已公開發表之著作，供為試題之用。	重製。翻譯。散布。	但已公開發表之著作如為試題者，不適用之。不需審酌著作權法第65條第2項的四項標準。	中央或地方機關、依法設立之各級學校或非營利教育機構辦理各種考試，得重製、改作、散布或公開傳輸已公開發表之著作，供為試題之用。但已公開發表之著作如為試題者，不適用之。
第55條非營利活動	任何人。	於活動中，就他人已公開發表之著作，非以營利為目的，未對觀眾或聽眾直接或間接收取任何費用，且未對表演人支付報酬者。	公開口述。公開播送。公開上映。公開演出。翻譯。	利用時應明示其出處。不需審酌著作權法第65條第2項的四項標準。	非以營利為目的，未對觀眾或聽眾直接或間接收取任何費用，且未對表演人支付報酬者，得公開上映或公開演出他人已公開發表之著作。前項規定，於電影院首次公開上映未滿三年之電影，不適用之。第一項情形，應向著作財產權人支付適當之使用報酬。但下列情形，不適用之……

著作權限制種類	允許利用著作權的主體	要件	允許的利用行為	備註	修法動態：2020年修正草案
					一、非經常性之活動。二、使用個人私有設備於街道、公園、建築物之開放空間或其他向公眾開放之戶外場所舉辦社會救助、公共安全、公共衛生及個人身心健康目的之活動。非以營利為目的，未對觀眾或聽眾直接或間接收取任何費用，得再公開傳達他人公開播送之著作。依第一項及前項規定利用他人著作者，得翻譯該著作。新增第55條之1：使用通常家用接收設備者，得再公開傳達他人公開播送之著作。前項情形，以分線設備再公開傳達者，不適用之。
第56條廣播電視的錄音錄影	廣播或電視。	以自己之設備，為公開播送之目的，且其公開播送業經著作財產權人之授權或合於法律規定者。	錄音。錄影。	不需審酌著作權法第65條第2項的四項標準。錄製物除經著作權專責機關核准保存於指定之處所外，應於錄音或錄影後六個月內銷燬之。	
第56-1條社區共同天線	任何人。	為加強收視效能，以依法令設立之社區共同天線同時轉播依法設立無線電視臺播送之著作。	同時轉播。	但不得變更所播送著作之形式或內容。不需審酌著作權法第65條第2項的四項標準。	

著作權限制種類	允許利用著作權的主體	要件	允許的利用行為	備註	修法動態：2020年修正草案
第57條第1項美術攝影著作	美術著作或攝影著作原件或合法重製物之所有人或經其同意之人。	對該著作原件或合法重製物。	公開展示。	利用時應明示其出處。不需審酌著作權法第65條第2項的四項標準。	
第57條第2項美術攝影著作	前項公開展示之人。	於說明書內，為向參觀人解說著作。	重製。散布。	利用時應明示其出處。不需審酌著作權法第65條第2項的四項標準。	
第58條公共藝術	任何人。	於街道、公園、建築物之外壁或其他向公眾開放之戶外場所長期展示之美術著作或建築著作。	以任何方式利用。但下列情形除外：一 以建築方式重製建築物。二 以雕塑方式重製雕塑物。三 為於本條規定之場所長期展示目的所為之重製。四 專門以販賣美術著作重製物為目的所為之重製。	利用時應明示其出處。不需審酌著作權法第65條第2項的四項標準。	

著作權限制種類	允許利用著作權的主體	要件	允許的利用行為	備註	修法動態：2020年修正草案
第59條電腦程式	合法電腦程式著作重製物之所有人。	因配合其所使用機器之需要，或因備用存檔之需要，且僅限於該所有人自行使用。	修改。重製。	所有人因滅失以外之事由，喪失原重製物之所有權者，除經著作財產權人同意外，應將其修改或重製之程式銷燬之。不需審酌著作權法第65條第2項的四項標準。	
第59-1條移轉所有權	在中華民國管轄區域內取得著作原件或其合法重製物所有權之人。	在中華民國管轄區域內取得著作原件或其合法重製物。	以移轉所有權之方式散布。	不需審酌著作權法第65條第2項的四項標準。	
第60條出租	著作原件或其合法著作重製物之所有人。	除錄音及電腦程式著作外的所有著作。	出租該原件或重製物。	附含於貨物、機器或設備之電腦程式著作重製物，隨同貨物、機器或設備合法出租且非該項出租之主要標的物者，仍允許出租。不需審酌著作權法第65條第2項的四項標準。	
第61條時事論述	新聞紙、雜誌、廣播、電視或網路。	揭載於新聞紙、雜誌或網路上有關政治、經濟或社會上時事問題之論述，且未經註明不許轉載、公開播送或公開傳輸者。	轉載（新聞紙、雜誌）。公開播送（廣播或電視）。公開傳輸（網路）。翻譯。散布。	如經註明不許轉載、公開播送或公開傳輸，仍不得利用。利用時應明示其出處。不需審酌著作權法第65條第2項的四項標準。	

著作權限制種類	允許利用著作權的主體	要件	允許的利用行為	備註	修法動態：2020年修正草案
第62條政治宗教演說	任何人。	政治或宗教上之公開演說、裁判程序及中央或地方機關之公開陳述。	利用（但專就特定人之演說或陳述，編輯成編輯著作者，應經著作財產權人之同意）。翻譯。散布。	利用時應明示其出處。不需審酌著作法第65條第2項的四項標準。	

錄有音樂著作之銷售用錄音著作的強制授權

在著作權法發展實務上，強制授權是指在特定的情況下，由著作權主管機關根據申請，將已發表作品進行特殊使用的權利授與申請人。這項制度的設計理念是，由於取得作品的使用許可需要花費很高的交易成本，如一味地擴大權利範圍，可能會妨礙大眾對重要作品的使用；但如讓作品完全免費使用，又會損害作者的必要回報，所以法律設計一個平衡「獨占專有」與「絕對免責」的制度，也稱為「合理報酬制度」。

我國著作權法關於強制授權，僅適用於錄有音樂著作之銷售用錄音著作，即第69條規定「錄有音樂著作之銷售用錄音著作發行滿六個月，欲利用該音樂著作錄製其他銷售用錄音著作者，經申請著作權專責機關許可強制授權，並給付使用報酬後，得利用該音樂著作，另行錄製。前項音樂著作強制授權許可、使用報酬之計算方式及其他應遵行事項之辦法，由主管機關定之。」

　　著作權是無體財產權，有準物權性質，具有排他的對世的物權效力，未經權利人同意任何人皆不得為著作權所禁止的行為，權利被侵害時得請求排除之，有侵害之虞時得請求防止之。在此排他權的基礎上，音樂著作權人可以選擇其所中意的人，以其所訂的價格，在所定的期間內，依其所訂的方式利用其著作，主要以契約規範相關權利義務。

　　在強制授權制度中，權利人失去上述得以選擇與之交易的人、決定其著作價格、使用期間以及利用著作方式等權利，僅剩下剩報酬請求權。換句話說，任何人在音樂著作權存續期間隨時以自己的方式詮釋錄製唱片，只要依法定條件給付法定權利金，不必取得權利人的同意。在經濟上，排他權的著作權是指著作權人可以控制其著作的市場的力量，任何人未經其同意不得進入該著作市場與之競爭，著作權人享有獨占的利潤（消費者剩餘）；但如其權利必須強制許可他人利用，則任何人皆可進入市場與之競爭，權利人失去決定價格的力量，而由社會大眾分享消費者剩餘。

　　強制授權制度被使用於音樂著作，而少見於其他著作，有其歷史因素。1909年美國國會修定著作權法，給予音樂著作機械重製權時，即規定強制授權制度。在此之前Aeolian公司有先見之明，該公司評估國會可能會修法給予著作人錄音權，就大量搜購音樂著作錄音權，引起其他同業惶恐，深怕該公司利用累積的音樂著作權獨占市場，因此遊說國會。國會在平衡公益與著作權人的私益後，妥協折衷方式，即將權利仍然歸於音樂著作權人，但將音樂著作的市場價值的決定權保留在國會手上。

　　處在今日，強制授權制度未必對音樂產業有正面貢獻。以

流行音樂為例，新的詞曲創作是最困難的，需要花費較多時間與金錢，然而唱片一旦流行，其他唱片公司依強制授權即可合法跟進，錄製不同歌手或樂隊演唱相同音樂的不同唱片（想想台灣流行音樂市場，口水歌當道），這會使唱片業的競爭限於同樣音樂但不同歌手錄製的唱片間的競爭，而非不同音樂的唱片間的競爭，此顯然與著作權法立法目的在於鼓勵多種多樣的著作有違。尤其在音樂著作的供應遠大於唱片公司的需求時，強制授權制度等於勸阻公司投資新著作的商業利用，相對地，社會大眾能接觸的新音樂著作也隨之減少，從這個角度看，強制授權制度對音樂產業的發展，未必有利。

另應注意者，智慧財產法院105年度行著訴字第1號裁定，認為「強制授權之標的仍限於音樂著作，強制授權範圍亦限於錄製銷售用錄音著作，而不及於其他著作類型。所稱『錄音著作』係指『包括任何藉機械或設備表現系列聲音而能附著於任何媒介物上之著作，但附隨於視聽著作之聲音不屬之』。至於音樂著作之『歌詞』，若以文字方式呈現（不問其媒介物為紙本或其他媒體），自非屬錄音著作之範疇。準此，現行著作權法第六十九條第一項之強制授權範圍，依法限於將曲譜、歌詞及其他之音樂著作強制授權他人錄製為銷售用之錄音著作，由於錄音著作係藉由機械或設備單純表現詞曲之聲音，如將歌詞之文字呈現於紙本或螢幕供人觀覽，均不符音樂著作強制授權之要件，自不得依上開規定，申請音樂著作之強制授權。」

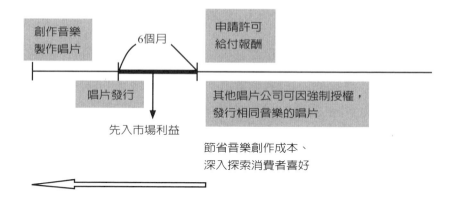

9 著作權法因應電腦網路技術的修正

重製與暫時性重製

　　著作權制度的起源是因應印刷術的發展，印刷術本質上是一種複製技術，書籍的製作原本是依附於手工的勞務，印刷技術的發明，使書籍能被大規模地量產，也就說，印刷技術將著作商品化。傳統印刷時代的著作，必須附著在儲存媒體成為著作物，分別藉著著作物的行銷或表演、廣播或展出而散布，以利用市場取得消費者給予著作的市場價值。

　　印刷產業的商業獲利模式是販賣著作物，但販賣著作物的活動，相當分散，不易掌握。相反地，複製著作物的印刷廠，由於固定成本大，不論在政府管制上或同業監控而言，非常集中，容易控制。控制了複製也就掌握了著作物的市場。所以法律就給予作者複製權以控制印刷廠，也就控制了市場，因此著作權法制所設計掌握的關鍵生產要素就是複製。因此重製權在著作權法制中是一重要概念，著作人擁有重製權，不在強調作者「有權重製其著作」，而在於作者「有權禁止他人重製」，

在市場上的運作就是作者可以將此重製權授權給商人印製書籍銷售獲利。

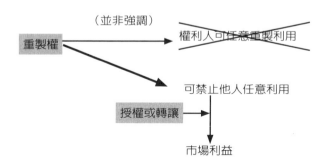

現代數位與電腦技術，使著作附著在儲存媒體後，不必大量複製著作物，即可散布，著作由電腦系統轉化成數位後，電腦系統以電子脈衝經由通訊網路輕易地將著作本身散布到其他電腦系統，不必依賴儲存媒體的交換。就電腦技術而言，多數學者認為一項擁有著作權的資訊，不論以何種方式放置到一台電腦內，且不論係儲存於何種媒介都認為是重製的範圍。

我國著作權法在2003年修改著作權法時，將重製的定義修改為「指以印刷、複印、錄音、錄影、攝影、筆錄或其他方法直接、間接、永久或暫時之重複製作。於劇本、音樂著作或其他類似著作演出或播送時予以錄音或錄影；或依建築設計圖或建築模型建造建築物者，亦屬之。」明白地表示重製不限於有形的重製。

依現行著作權法下對重製的定義是相當廣泛，幾乎所有電腦或網路上的行為都在重製的定義範圍內：磁碟（disk）、磁碟片（diskette）、唯讀記憶體（Read Only Memory, ROM）或其他儲存裝置（storage device），甚至是放在隨機處理記憶

體（Random Access Memory, RAM）而能儲存相當的一段時間（雖RAM裡面儲存的資訊只要電源關閉即消失）也被認為構成重製；使用電子郵件時的收受郵件、信件傳送過程在各伺服器上之重製、利用軟體在伺服器上取回信件，儲存於硬碟、轉寄；對於網路新聞的瀏覽（存於隨機存取記憶體）、打包離線閱讀、轉貼、製作精華板；下載檔案；瀏覽器軟體在使用者的電腦硬碟上畫出一塊空間作為「快取區」（Cache），暫時存放最近上網時曾經看過的資料，避免網路資源浪費於重複傳送相同資料；系統管理者在自己的網站裡架設一代理伺服器，第一名使用者向遠端伺服器索取資料時，資料除了傳送至使用者的電腦上，並在使用者所屬網路系統之代理伺服器（Proxy Server）上儲存起來，使第二名使用者節省傳送時間。上面所說常見的電腦或網路使用行為都是奠基在電腦的技術最大特點——複製迅速且便利，將之套用在著作權法上，結果是幾乎所有的電腦動作都是著作權法上的重製。

在現行法律思考邏輯下，所有網路重製行為均先被認定為重製，可能侵犯著作權人的重製權，再看看是不是符合不具獨立經濟意義之暫時性重製或是合理使用，使其免責。本書前面介紹過合理使用，以下說明「暫時性重製」。

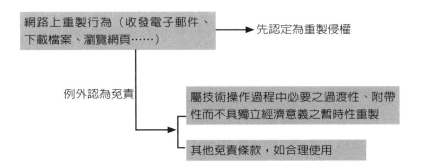

　　現行著作權法對於重製的定義範圍放寬，等於減縮使用者免責的空間，但是對於「屬技術操作過程中必要之過渡性、附帶性而不具獨立經濟意義之暫時性重製」，雖本質上符合重製的定義，但因其係電腦或機械基於自身之功能所產生者，無行為人行為之涉入，非合理使用，但又不宜將這種行為認為侵權，所以將之排除於重製權之外。由於數位化之技術，各類著作均得被重製於數位化媒介物，而此等媒介物之讀取，往往發生暫時性重製，所以就合法使用著作情形也不認為是侵權。

　　著作權法第22條規定「著作人除本法另有規定外，專有重製其著作之權利。表演人專有以錄音、錄影或攝影重製其表演之權利。前二項規定，於專為網路合法中繼性傳輸，或合法使用著作，屬技術操作過程中必要之過渡性、附帶性而不具獨立經濟意義之暫時性重製，不適用之。但電腦程式著作，不在此限。前項網路合法中繼性傳輸之暫時性重製情形，包括網路瀏覽、快速存取或其他為達成傳輸功能之電腦或機械本身技術上所不可避免之現象。」

　　要注意的是著作權法第22條第3項稱「但電腦程式不在此限」，容易讓人誤解為電腦程式的暫時性重製不能免責，其實，合法使用電腦程式著作過程中所為之暫時性重製，在法律設計上係屬合理使用而免責的範圍，所以條文在技術上作如此規定。

　　總之「暫時性重製」不會發生違法侵權的情形，依經濟部智慧財產局的說明，以下行為是合法的：

(一) 將買來的光碟，放在電腦或影音光碟機裡面，看影片、圖片、文字或聽音樂。

(二) 在網路上瀏覽影片、圖片、文字或聽音樂。

(三) 買來的電腦裡面已經安裝好了電腦程式而使用該程式,例如使用電腦裡面的Word、Excel程式。

(四) 網路服務業者透過網際網路傳送資訊。

(五) 校園、企業使用代理伺服器,因提供網路使用者瀏覽,而將資料存放在代理伺服器裡面。

(六) 維修電腦程式。

另外經濟部智慧財產局也對電腦或網路的使用上是否合法做了一些說明及例示,可至其網站參閱。不過在具體個案,理論上法官不受經濟部智慧財產局解釋的拘束,仍須依實際情形判斷。

公開傳輸權

我國於2003年6月大幅度修改著作權法,其中針對網際網路活動,增訂賦予著作權人「公開傳輸權」,對著作人或著作權人而言,擴大了法律保護範圍,但對使用者而言,則增加了觸法的風險。

傳統上認為,終端使用者(end users)感知著作內容之方式可概分為下列二種情形:(一)操控權在於消費者,即由消費者取得著作重製物之占有後,在其所選擇之時間及地點,感知著作內容,例如消費者購買書籍或錄音帶,在自己閒暇之餘閱讀與欣賞;(二)操控權在於提供者,消費者居被動之地位。由著作提供者單向提供著作,其時間由提供者決定,消費者被動、無選擇空間地感知著作內容,例如收視、收聽電視電台或廣播電台播出之電視節目或廣播節目,且收視、收聽後,著作內容即消逝。著作權法因應這兩種使用(消費)方式,創設出

不同著作財產權，使著作人得以收取利益，即重製權、公開口述權、公開播送權、公開上映權、公開演出權等。

隨著資訊、電信科技的進步，接觸著作之形態也較以往為多，最重要者即為前述二種分類界線之突破，消費者透過網路，在其所自行選定之時間或地點，均可感知存放在網路上之著作內容，既不須要取得著作重製物之占有，亦不受著作提供者時間之限制。也就是說，消費者與著作提供者處於互動式之關係。

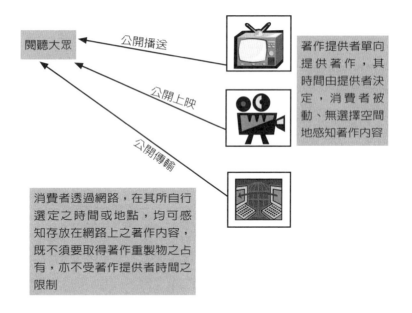

這項網路科技的重要特色卻也給傳統著作權法帶來一些困擾，在網際網路上架設網站者，目的就是要大眾得不受時間及空間的限制，獲知網站內容，著作權人除了可以對架設網站者主張重製權外，對於網站架設者把內容置於一種大眾隨時得閱

覽感知的狀況，由於並非單向地傳達著作內容，無法主張公開
口述權、公開播送權、公開上映權、公開演出權，權利人認為
自己將喪失一種重要的著作利用型態所帶來的利益，也就是認
為傳統的著作權法所賦予著作人的權利，無法充分地保護著作
人的權益。

　　我國在2003年6月增訂公開傳輸權的內容，依現行著作權
法的定義，公開傳輸權是指著作人享有透過網路或其他通訊方
法，將他的著作提供或傳送給公眾，讓大家可以隨時隨地到
網路上去瀏覽、觀賞或聆聽著作內容的權利。換句話說，就是
作者可以將他的著作，不管是文字、錄音、影片、圖畫等任何
一種型態的作品，用電子傳送（electronically transmit）或放
在網路上提供（make available online）給公眾，接收的人可
以在任何自己想要的時間或地點，選擇自己想要接收的著作內
容。而公開傳輸權所保護的著作與重製權相同，是著作權法所
規範的全部著作，包括第5條第1項例示之語文、音樂、戲劇
舞蹈、美術、攝影、圖形、視聽、錄音、建築及電腦程式等十
類著作及第7條之1的表演著作，均享有公開傳輸權。

　　公開傳輸權的創設對網路生活有很大的影響，從網路發展
的現況看，所有著作權法上的財產權可能會全部被公開傳輸權
所涵括。無論是個人或企業，如果要在網站上放置各種著作，
除了要取得著作權人對重製權的授權外，也必須取得公開傳輸
權的授權。

權利管理電子資訊

　　在傳統著作權法制，著作人可以決定要不要具名或用何種

名義發表，這稱為姓名表示權，重在保護著作人的人格尊嚴，屬於著作人格權討論的範圍；我國於2003年6月修改著作權法後，增訂「權利管理電子資訊」的保護，立法出發點並不在於著作人格權的保障，而是偏重於著作人保護著作財產權的完整措施。

著作權的「權利管理資訊」就是指有關著作權利狀態的訊息，諸如著作財產權係由何人享有？由何人行使？受保護的期間到什麼時候？有意價購著作財產權的人，應與何人聯繫洽商？欲利用著作的人，應向什麼人徵求授權？凡此種種與著作權管理相關的訊息，稱之為權利管理資訊。

通常著作權利人標示的「權利管理資訊」，通常可以在書籍的版權頁、影片的聲明、唱片的封套上或網頁的告知欄裡看到。關於「權利管理資訊」，除與著作人的人格保護有關外，最主要是考量接觸著作而欲利用之人，如果要得到著作人的授權作合法利用，可以憑藉著著作中的權利管理資訊找到著作權人，與之協商，換句話說，清楚地標示著作權權利相關訊息，用意在於降低交易成本。此一降低交易成本特色，具有保護公益色彩，常被忽略，例如：著作權法禁止使用者任意移除變更權利管理資訊，但卻未要求權利人應標示完整且正確的權利管理資訊。

我國著作權法修法僅針對「權利管理電子資訊」為規範，即將「權利管理資訊」以電子化的方式來標註，才適用相關規定。依現行著作權法關於權利管理電子資訊的相關規定，除了非得移除或變更，否則無法利用著作；或者因為錄製或傳輸系統轉換時，技術上必須要移除或變更的情況之外，未經著作權人許可，任何人都不可以移除或變更著作權人所標示的權利管

理電子資訊。而且如果已知道著作原件或其重製物上的權利管理電子資訊，被非法移除或變更了，也不得再把這些著作原件或重製物散布出去，或爲了要散布而輸入到我國，甚至禁止意圖散布而持有權利管理電子資訊被非法移除或變更的著作原件或重製物。同樣地，在事先知道著作原件或其重製物上的權利管理電子資訊，已經被非法移除或變更了的情況下，不可以再公開播送、公開演出或公開傳輸這些資訊不正確的著作。如果違反，除了民事賠償責任外，還可能須負擔刑事責任。

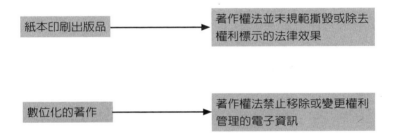

防盜拷措施

我國著作權法於2004年修法時，增訂科技保護措施，且正式名稱爲「防盜拷措施」，主管機關修法主要考量是「由於數位科技、電子網路及其他通訊科技的興起，任何著作都可以輕易地以數位形式重製，對著作權人產生相當不利的影響，著作權人爲保護其權利，因而發展出以鎖碼等科技措施，來禁止或限制別人擅自侵入而接觸或利用其著作的防護方法。著作財產權人所做的科技保護措施，是要解決資訊科技發達，著作常常處於被人非法在網路上流通，造成重大損害的問題，同時也

是建立及維護數位網路環境秩序的機制。科技保護措施如果任人破解破壞，不僅是破壞者個人單一的行為而已，同時還等於為其他侵權行為人製造了侵入和違法利用著作的機會，這種情況下，常常會造成整個市場大幅流失的結果，著作權人所受損失無法估計而難以填補。有鑑於此，必要將科技保護措施納入保護。」

依著作權法第3條第18款的規定「防盜拷措施：指著作權人所採取有效禁止或限制他人擅自進入或利用著作之設備、器材、零件、技術或其他科技方法。」是著作財產權人為了避免其著作遭人擅自侵入，進而利用，而採取的防護措施。依智慧財產局的看法，這種防護措施，可能是一種設備、一組器材、在機器上加裝的某個零件、一種鎖碼的技術、一組序號或者一個密碼，甚至可能是一種特別的科技方法。不論這個措施所用的方法是什麼，只要能夠有效地禁止或限制別人進入去侵入而接觸著作，或利用著作，都是所謂的科技保護措施。這樣的定義非常廣泛，尤其「只要能夠有效地禁止或限制別人進入去侵入而接觸著作或利用著作」，都算是「防盜拷措施」。

著作權法明文規定禁止破解、破壞或以其他方法規避著作權人所做的防盜拷措施，對於主要是用來破解、破壞或規避著作權人防盜拷措施之設備、器材、零件、技術或資訊，原則上不得製造、輸入、提供公眾使用或為公眾提供服務。同時為了兼顧社會公益及實務需要，也規定了下列八種例外的情形，在這些情況下破解、破壞或規避防盜拷措施，無須負擔民事及刑事責任：

1.為維護國家安全或公共利益者。

2. 中央或地方機關所為者。

3. 供公眾使用之圖書館、檔案保存及教育機構為評估是否
欲取得資料所為者。

4. 為保護未成年人者。

5. 為保護個人資料者。

6. 為電腦或網路進行安全測試者。

7. 為進行加密研究者。

8. 為進行還原工程者。

9. 其他經主管機關所定情形。

2004年新修正著作權法規定，違反防盜拷措施規定的
人，對於著作財產權人因此所受的損害，要負擔一定程度的民
事上責任。對於製造、販賣破解器材或提供破解服務的人，得
處以一年以下有期徒刑、拘役或科或併科新臺幣2萬元以上25
萬元以下罰金的刑事責任。至於使用者個人的破解行為，雖無
刑事責任，但仍有一定程度的民事上責任。

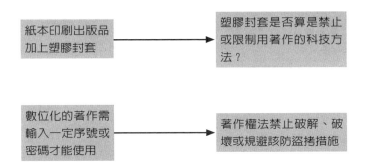

著作權法的理念在於，賦予權利人獨占權，以交換其著作
得以在社會流通，增進知識累積與文化發展，而防盜拷措施固

然能加強保護權利人，但在促進著作流通層面，顯然也增加了限制，一般大眾獲取資訊的成本更為增加，就立法政策而言，在建立保護防盜拷措施時，也應該要求著作更能廣為流通，且使用者在不知悉著作全貌的情況下，必須做出是否購買的決定而顯失公平時，法律制度也應該一併考量。

P to P 的法律爭議

　　P to P（Peer to Peer; P2P），有稱之為點對點、端對端或對等式網路。相對於「主從式」的網路架構，P to P是「分散式」的網路架構，換言之，不同於伺服器與用端戶的關係，概由伺服器提供服務，使用者並不直接溝通；P to P技術讓每一台連上網路的電腦，在不用透過伺服器的情況下，直接交換彼此所需的資料。從技術的觀點而言，P to P是非常有效率的網路模式，它可以大量節省集中式伺服器架構所需的頻寬，集結置閒的網路資源來做其他的事。

　　P to P主要有兩種形式：集中式架構的P to P及分散式架構的P to P，二者區別主要再於是否需要利用一預設的伺服器來進行連線及搜尋，至於傳輸檔案時，則都不需透過其他使用者或網路公司伺服器的介入。

	集中式架構的P to P	分散式架構的P to P
連線	使用者先安裝P to P軟體，作為P to P網路的Peer端，再連上網路公司事先設定的伺服器，將使用者端的相關資料及分享檔案列表傳給該伺服器。	使用者安裝P to P軟體，作為P to P網路的Peer端，但沒有任何事先設定的伺服器，所以需連線至第一個Peer起點，藉以與整個P to P網路連結。

	集中式架構的P to P	分散式架構的P to P
搜尋	使用者搜尋檔案時，將查詢要求傳送給伺服器，伺服器尋找本身的資料庫中的檔案列表，再將查詢結果傳回使用者端。	使用者搜尋檔案時，將查詢要求傳送給直接連線的使用者Peer(s)，這些使用者會繼續傳送給其他與直接連線的使用者，在此散布過程，各Peer會搜尋自身的檔案列表，將結果回報給搜尋者。
下載	使用者收到伺服器傳回查詢結果後，選擇欲下載檔案，直接連線到其他使用者的Peer端，進行Peer to Peer的傳輸，不需透過網路公司伺服器的介入。	使用者陸續收到其他使用者傳回查詢結果後，選擇欲下載檔案，直接連線到其他使用者的Peer端，進行Peer to Peer的傳輸，不需透過其他使用者或網路公司伺服器的介入。

這個新科技對唱片業者造成了很大的衝擊，以前唱片業者要會同警方去夜市抓盜版CD，現在連盜版CD都被P to P打敗了，因為使用者在家用網路可以大量下載音樂。

一般網友未經音樂與錄音著作權人授權，使用P to P交換軟體，任意在網路上交換受著作權法保護的音樂，下載於個人電腦硬碟中，或進一步加以燒錄，原則上會被認為是侵害音樂與錄音著作財產權人之公開傳輸權及重製權，如僅供個人或家庭使用的話，「在少量下載，且不至於對音樂產品市場銷售情形造成不良影響的情況下」，屬於合理使用的行為，才不會構成著作財產權的侵害。

唱片業者最不滿的其實是提供平台供使用者下載音樂網站，這些音樂網站自己並不提供音樂供人下載（因為會侵害公開傳輸權及重製權），但這些網站提供P to P交換軟體，提供會員以上傳或下載交流彼此所需檔案。P to P爭議的戰火從國外延燒到國內，2003年年底國內十一家大型唱片公司聯合控

告二家知名音樂網站Ezpeer與Kuro涉嫌違反著作權法的案件，分別遭臺灣臺北地方法院檢察署及臺灣士林地方法院檢察署起訴。經法院審理後，第一審Ezpeer無罪，而Kuro有罪。

這兩個案件法院都先肯定P to P科技本身為中立性，使用該技術並非一定違法，不過，個別使用者在未得權利人同意即使用P to P軟體公開傳輸或下載著作，若已逾越合理使用範圍，屬侵害著作權行為。無罪判決主要認定業者並未從事違法公開傳輸及重製行為，亦未與實際上公開傳輸及重製之使用人成立「共犯」關係；有罪判決則是認為業者明知其軟體及網站服務可供會員違法下載他人著作，但為招攬會員加入，賺取會費，不斷刊登廣告，以誘使大量會員加入，故對於其會員的侵權結果，在主觀上已顯可預見，且不違反其本意。

爭議初起時，國內有部分網站業者推動修改著作權法，擬以「著作權補償金制度」解決此一難題，經部分立法委員提案，原本已在立法院通過一讀，交付委員會審查，不過因為廣大唱片業者反對，主管機關經濟部智慧財產局對此制度是否符合國際規範似乎仍有疑慮，在2004年8月間立法院召開臨時會又大幅度修改著作權法時，未將此「著作權補償金制度」修正通過。

當時關於「著作權補償金制度」的修正條文提案是第51條之1「除已訂定個別授權契約者外，以網路科技提供服務播送音樂或供網路使用人上傳、下載或交換網路音樂檔案之業者，就其服務所利用或與其服務有關之音樂著作或錄音著作，應就其服務收入提撥一定比例之補償金支付予著作財產權人。以網路科技提供網路音樂服務之業者，已依前項規定支付補償金者，視為該業者及使用其網路音樂服務之人已取得相關音

樂或錄音著作之著作財產權人授權。第一項所載補償金之提撥比例或提撥金額、有權收取單位或機構、得參與分配之著作權人或著作財產權人、分配方式、分配金額等，由主管機關定之。」

　　部分學者也大聲疾呼，報酬請求權制度不失為解決 P to P 爭議的方針，一方面使大眾能接近最多的著作，這些著作中有些仍在權利期間範圍內，但其商業生命已結束，如仍令其適用財產法則（需要當事人均同意，交易始能完成），則交易成本可能過高，使消費者卻步；如適度地轉換為限制責任法則（一方當事人之付合理代價後，即能完成交易），不但社會大眾受益，權利人甚至可對已失去商業生命的著作繼續獲取利益。

　　不過，隨著網路業者不斷面臨訴訟的壓力，以及網路業者與傳統唱片業者逐漸開展合作之際，關於「著作權補償金制度」的修法推動節節敗退，2007年7月著作權法修法結果，正式宣告網路提供 P to P 平台傳輸音樂為違法，著作權法第87條第1項增列第7款「未經著作財產權人同意或授權，意圖供公眾透過網路公開傳輸或重製他人著作，侵害著作財產權，對公眾提供可公開傳輸或重製著作之電腦程式或其他技術，而受有利益者。」第87條第2項並補充說明「前項第七款之行為人，採取廣告或其他積極措施，教唆、誘使、煽惑、說服公眾利用電腦程式或其他技術侵害著作財產權者，為具備該款之意圖。」

　　此次修法意旨，立法理由對於網路業者非常不友善，立法說明直稱「部分不肖網路平台業者，以免費提供電腦下載程式為號召，並藉口收取手續與網路維修費等營利行為，在網路上直接媒合下載與上傳著作權人之文字與影音著作，卻不願支付

權利金給著作權人，嚴重侵害著作權人之合法權益，及故意陷付費良善下載者於民、刑法之追溯恐懼中，上述行為至為不當，有必要明確修法來規範不肖平台業者的行為。」關於本次修法後在法律適用上應注意：

(一) 此處修法是對於技術之提供者賦予法律責任，故本條非難之行為為「提供行為」。至於技術提供者對於使用者之後續著作權侵害行為，在民事上是否成立「共同不法侵害」、「造意」或「幫助」；刑事上是否另成立「共犯」、「教唆犯」或「幫助犯」，另行判斷。

(二) 技術提供者必須是出於供他人侵害著作財產權之意圖，提供技術，始屬本款所規範之範圍。法律明定如行為人客觀上採取廣告或其他積極措施，教唆、誘使、煽惑公眾利用該技術侵害著作財產權時，即為具備「供公眾透過網路公開傳輸或重製他人著作，侵害著作財產權」之意圖。

(三) 違法之業者，故意者，須負擔民事及刑事責任；過失者，須負擔民事賠償責任。

本次修法除課予「不肖業者」上開民刑事責任外，更增訂第97條之1「事業以公開傳輸之方法，犯第九十一條、第九十二條及第九十三條第四款之罪，經法院判決有罪者，應即停止其行為；如不停止，且經主管機關邀集專家學者及相關業者認定侵害情節重大，嚴重影響著作財產權人權益者，主管機關應限期一個月內改正，屆期不改正者，得命令停業或勒令歇業。」

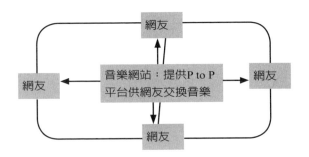

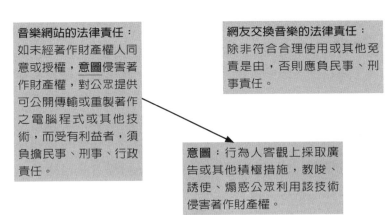

音樂網站的法律責任：
如未經著作財產權人同意或授權，意圖侵害著作財產權，對公眾提供可公開傳輸或重製著作之電腦程式或其他技術，而受有利益者，須負擔民事、刑事、行政責任。

網友交換音樂的法律責任：
除非符合合理使用或其他免責是由，否則應負民事、刑事責任。

意圖：行為人客觀上採取廣告或其他積極措施，教唆、誘使、煽惑公眾利用該技術侵害著作財產權。

　　在台灣，這場P to P的法律戰爭，顯然立法者對傳統唱片業者提供了充足的支援。有趣的是，其實唱片公司現在對P to P的敵意並不那麼重了，甚至有多家唱片公司跟網路業者提出各種合作方案了，畢竟如何符合市場潮流，獲取最大利益，才是商業上最主要的考量。

　　根據報載，IFPI認為許多學生嫌唱片貴所以喜歡利用P to P下載只是藉口，IFPI表示「台灣的唱片市場，與全世界比起來，是個異數，贈品多、成本高、廣告貴，相對之下，利潤短少，羊毛出在羊身上，CD只好漲價，以求利潤回歸原點。」

如果這段敘述屬實，也許唱片業更應該思考如何回歸音樂或其他藝術作品的本質，而非用贈品、廣告去「襯托」音樂作品的價值？

網路服務提供者（ISP）免責條款

一、修法緣由

　　鑑於當代網路傳輸、散播的功能強大，影響無遠弗屆，各國法律紛紛著手研擬利用網路從事侵權的規範，例如：於網路拍賣或購物網站販售侵害商標權的商品、於網路上販售或提供盜版軟體、供人經由網路下載或分享不法重製的影音檔案等網路不法活動。利用網路從事侵權者本即有法律制裁規範，但是，於使用者利用網路從事不法侵害智慧財產權的行為時，網路服務提供者（Internet Service Providers, ISP）是否應負一定的法律責任？就有爭議了。

　　美國在1998年制定「數位千禧年著作權法」（Digital Millennium Copyright Act, DMCA），採行所謂「避風港」或稱「安全港」（Safe Harbor）的規範模式，以「通知／取下」（notice & take down）的機制為其主軸。倘ISP業者採行此一機制，即可進入「避風港」，而豁免其可能的法律責任；反之，若ISP業者決定不採取或執行「通知／取下」的「避風港」措施，亦非當然必須負擔法律責任，而應由司法機關依既有的相關法律體系，於個案中判斷其侵權責任是否成立。

　　我國於2009年5月13日修正公布、並自同日起施行的著作權法新制，採納美國DMCA前述的「避風港」規範模式，明

定ISP業者於使用者利用其服務侵害他人著作權或製版權的情形，得以主張不負責任之範圍及要件。就此等責任免除的要件，亦以採行所謂「通知／取下」的機制為其主要核心。相關的條文變動，包括於第3條第1項增訂第19款有關「網路服務提供者」的法律定義，並增設第六章之一「網路服務提供者之民事免責事由」專章（第90條之4至第90條之12）。

網路服務提供者對使用者利用其所提供之服務或設備所為之著作權侵權行為，只要符合法定構成要件（民法第185條、第188條等規定），仍有可能負擔民法「共同侵權行為」之責任。為鼓勵ISP與權利人協力，共同遏止網路著作權侵權行為，本次著作權法修正爰明定，ISP只要配合權利人之通知、取下侵權資訊後，即可主張「民事責任」之免除，藉此誘因，鼓勵ISP與權利人合作。

著作權法新增第六章之一「網路服務提供者之民事免責事由」專章，自名稱即知此係為ISP業者設定特殊的民事免責的事由。若ISP業者符合該等事由，即不必對使用者的侵權行為負民事上的法律責任。但要注意的是，不可直接反面推論，認為ISP業者若不符合該等事由，即應負民事上的法律責任。ISP業者若未能進入「避風港」規範，則其就使用者的侵權行為應否同負侵權行為的相關責任，仍應依個案視其是否符合一般侵權行為規定（如民法第28條、第185條及第188條、著作權法第88條）所訂要件為斷。

就免責的範圍而言，依其章名「民事免責事由」的用語來看，似僅及於「民事」責任；至於侵害著作權所可能發生的刑事責任，是否一併免除？依經濟部智慧財產局的看法，一旦ISP進入安全避風港，則「ISP即無『故意』侵權之意圖，自亦

無刑事責任可言。此為法理之當然，遂未予明文。」即認為
ISP既然符合法定「避風港」規範的各項條件，自得排除其有
何犯罪的故意，故無成立刑事責任之餘地。

關於網路服務者免責條款中關於通知、回復通知內容、應
記載事項、補正及其他應遵行事項之辦法，著作權法授權由主
管機關定之，此須注意經濟部智慧財產局制定之法規命令。

二、網路服務提供者的類型

依著作權法第13條第1項第19款規定，網路服務提供者，
指提供下列服務者：

1. 連線服務提供者

透過所控制或營運之系統或網路，以有線或無線方式，提
供資訊傳輸、發送、接收，或於前開過程中之中介及短暫儲存
之服務者。如提供撥接上網服務之中華電信Hinet、So-net及
Seednet，現今有線電視系統業者亦多有經營此項服務。。

2. 快速存取服務提供者

應使用者之要求傳輸資訊後，透過所控制或營運之系統或
網路，將該資訊為中介及暫時儲存，以供其後要求傳輸該資訊
之使用者加速進入該資訊之服務者。如為加速服務者之資訊獲
取，於連線服務中提供中介或暫時儲存資訊服務之中華電信
Hinet、So-net及Seednet。

3. 資訊儲存服務提供者

透過所控制或營運之系統或網路，應使用者之要求提供資
訊儲存之服務者。如提供部落格、網路拍賣等服務之Yahoo!奇
摩、PC home及露天拍賣等。

4. 搜尋服務提供者

提供使用者有關網路資訊之索引、參考或連結之搜尋或連結之服務者。如提供搜尋服務之Google、Yahoo等搜尋引擎。

三、網路服務提供者免責的基本要求

依著作權法第90條之4規定，網路服務提供者必須符合下列所有要件，才能適用第90條之5至第90條之8之規定，在一定的條件下免責：

(一) 以契約、電子傳輸、自動偵測系統或其他方式，告知使用者其著作權或製版權保護措施，並確實履行該保護措施（連線服務提供者於接獲著作權人或製版權人就其使用者所為涉有侵權行為之通知後，將該通知以電子郵件轉送該使用者，視為符合本規定）。

(二) 以契約、電子傳輸、自動偵測系統或其他方式，告知使用者若有三次涉有侵權情事，應終止全部或部分服務。

筆者認為，本款規定在解釋及適用上，均有若干疑義，例如：涉嫌侵權的使用者，應如何判定其同一性？所謂「三次涉有侵權情事」，其次數如何計算？所謂「涉有侵權情事」如何認定？（依權利人的主張？依法院的終局裁判？由ISP自行逐案認定？）ISP僅須「告知」使用者、或必須「確實履行」即具體落實其三振的使用停權政策？所謂「終止全部或部分服務」，是否永久停止使用權限而永無回復的可能？均有待進一步釐清。

另應注意的是，上開規定的本質，在於ISP主張適用「避風港」機制，得以免除其民事責任的前提條件而已，並非課予ISP務必採行特定措施的法定義務，更非直接賦予

其不採行時特定的不利責任後果。縱使ISP未採行、或未完全採行「三振」的機制，亦不意味ISP違反任何法定義務、或必須對使用者的侵權行為負責；其侵權責任是否成立，如前所述，仍應視個案中是否符合一般侵權行為規定的要件為斷。

(三) 公告接收通知文件之聯繫窗口資訊。

(四) 執行第3項之通用辨識或保護技術措施（著作權人或製版權人已提供為保護著作權或製版權之通用辨識或保護技術措施，經主管機關核可者，網路服務提供者應配合執行之）。

此有別於前三項條件，僅於特定情形有其適用。著作權人或製版權人若有提供為保護著作權或製版權的通用辨識或保護技術措施，經主管機關核可者，ISP應配合執行，並以此作為其進入避風港之要件。至於權利人若未提供該等通用辨識或保護技術措施，或其措施未經主管機關核可，ISP即無配合執行的義務，自亦不以ISP執行類似措施為其主張「避風港」免責保護的條件。要注意的是，此處法條固然課予ISP「應配合執行」的義務，但對於相關義務的違反，並未設任何處罰規定，只是ISP可否主張「避風港」免責保護的效果而已。

四、網路服務提供者免責的個別要求

1. 連線服務提供者的個別免責條件（第90條之5）

有下列情形者，連線服務提供者對其使用者侵害他人著作權或製版權之行為，不負賠償責任：

(1) 所傳輸資訊，係由使用者所發動或請求。

(2) 資訊傳輸、發送、連結或儲存，係經由自動化技術予以執行，且連線服務提供者未就傳輸之資訊為任何篩選或修改。

2. 快速存取服務提供者的個別免責條件（第90條之6）

有下列情形者，快速存取服務提供者對其使用者侵害他人著作權或製版權之行為，不負賠償責任：

(1) 未改變存取之資訊。

(2) 於資訊提供者就該自動存取之原始資訊為修改、刪除或阻斷時，透過自動化技術為相同之處理。

(3) 經著作權人或製版權人通知其使用者涉有侵權行為後，立即移除或使他人無法進入該涉有侵權之內容或相關資訊。

3. 資訊儲存服務提供者的個別免責條件（第90條之7）

有下列情形者，資訊儲存服務提供者對其使用者侵害他人著作權或製版權之行為，不負賠償責任：

(1) 對使用者涉有侵權行為不知情。

(2) 未直接自使用者之侵權行為獲有財產上利益。

(3) 經著作權人或製版權人通知其使用者涉有侵權行為後，立即移除或使他人無法進入該涉有侵權之內容或相關資訊。

4. 搜尋服務提供者的個別免責條件（第90條之8）

有下列情形者，搜尋服務提供者對其使用者侵害他人著作權或製版權之行為，不負賠償責任：

(1) 對所搜尋或連結之資訊涉有侵權不知情。

(2) 未直接自使用者之侵權行為獲有財產上利益。

(3) 經著作權人或製版權人通知其使用者涉有侵權行為

後，立即移除或使他人無法進入該涉有侵權之內容或相關資訊。

五、相關配套措施

1. 資訊儲存服務提供者處理侵權爭議機制（第90條之9）

資訊儲存服務提供者應將第90條之7第3款處理情形，依其與使用者約定之聯絡方式或使用者留存之聯絡資訊，轉送該涉有侵權之使用者。但依其提供服務之性質無法通知者，不在此限。

前項之使用者認其無侵權情事者，得檢具回復通知文件，要求資訊儲存服務提供者回復其被移除或使他人無法進入之內容或相關資訊。

資訊儲存服務提供者於接獲前項之回復通知後，應立即將回復通知文件轉送著作權人或製版權人。

著作權人或製版權人於接獲資訊儲存服務提供者前項通知之次日起10個工作日內，向資訊儲存服務提供者提出已對該使用者訴訟之證明者，資訊儲存服務提供者不負回復之義務。

著作權人或製版權人未依前項規定提出訴訟之證明，資訊儲存服務提供者至遲應於轉送回復通知之次日起14個工作日內，回復被移除或使他人無法進入之內容或相關資訊。但無法回復者，應事先告知使用者，或提供其他適當方式供使用者回復。

2. 網路服務提供者對涉侵權使用者的免責（第90條之10）

有下列情形之一者，網路服務提供者對涉有侵權之使用者，不負賠償責任：

(1) 依第90條之6至第90條之8之規定，移除或使他人無法

進入該涉有侵權之內容或相關資訊。

(2) 知悉使用者所為涉有侵權情事後，善意移除或使他人無法進入該涉有侵權之內容或相關資訊。

3. **提出不實通知或回復通知的損害賠償責任（第90條之11）**

因故意或過失，向網路服務提供者提出不實通知或回復通知，致使用者、著作權人、製版權人或網路服務提供者受有損害者，負損害賠償責任。

提供電腦程式侵權者的責任（機上盒爭議）

隨著線上影音市場的擴大，爭議也隨之增加，其中「機上盒」即為一例。常見「裝一個盒子就可以免費看電視、電影」的產品宣傳，但可想而知地，此處「免費」不是指機上盒免費。一般機上盒的使用者如單純收看而未下載或散布，或許不違法，但販賣機上盒業者就有爭議了，以往有不少法院判決認為「一般數位機上盒僅係提供連結至大陸網站之功能，但被告無法控制大陸網站提供之影片內容，亦難逐一查證是否經合法授權，故無從認定被告明知大陸網站影片全部均為非法影片，仍提供數位機上盒予客戶連結至該網站觀看之事實」，因而認為販賣機上盒業者不侵權。

不過智慧財產法院107年度刑智上易字第7號刑事判決，則對於利用科技手段幫助侵權者採取較嚴厲的立場，認為「一般訂購收視戶必須承租被告之數位機上盒，透過點選該數位機上盒內建APP直接連結大陸地區等平台網站之網際網路雲端資料庫，而得隨時於該網路空間內觀看侵權之視聽著作，如此即可認為被告之數位機上盒，對公眾提供電腦程式或技術，使公

眾得以透過網路公開傳輸告訴人享有著作財產權之視聽著作，侵害告訴人之著作財產權」，而此種「由使用者即收視戶點選數位機上盒內建的APP向串流伺服器產生要求，串流伺服器則將壓縮之影音資料封包後經由網路傳輸到數位機上盒，再轉傳到收視戶之電視螢幕上」，是藉由新興數位串流技術侵害著作財產權，屬於著作權法第3條第1項第10款及第87條第1項第7款規定之公開傳輸行為，故認為被告銷售已安裝電腦程式之機上盒，可連結網際網路雲端資料庫，使不特定客戶得以於該網路空間內觀看侵權影片，侵害相關公司之著作財產權，對公眾提供可公開傳輸之電腦程式，犯著作權法第93條第4款之違反同法第87條第1項第7款對公眾提供可公開傳輸之電腦程式或其他技術而侵害他人之著作財產權罪。

　　在眾多OTT（線上影視產業）業者的請願下，立法院在2019年4月16日三讀通過著作權法第87條及第93條條文（2019年5月1日總統公布，自5月3日起生效），將下列三種行為視為侵害著作權，行為人除需負擔民事損害賠償外，並有二年以下有期徒刑之刑事責任，或科或併科最高新臺幣50萬元以下罰金：

　　明知他人公開播送或公開傳輸之著作侵害著作財產權，意圖供公眾透過網路接觸該等著作，有下列情形之一而受有利益者：

(一) 提供公眾使用匯集該等著作網路位址之電腦程式（例如：將匯集非法影音網路連結的APP應用程式，即一般所稱「追劇神器」，上架到Google Play商店、Apple Store等平台或其他網站給民眾下載使用）。

(二) 指導、協助或預設路徑供公眾使用前目之電腦程式（例

如：未直接提供電腦程式，而是另以指導、協助或預設路
徑供公眾下載使用電腦程式，例如：機上盒雖然沒有內建
前述的APP應用程式，但卻提供指導或協助民眾安裝；或
是在機上盒內提供預設路徑，供民眾安裝使用）。

(三) 製造、輸入或銷售載有第一目之電腦程式之設備或器材
　　（例如：製造、進口或是在市面上銷售內建此類APP應用
　　程式的機上盒）。

　　值得注意的是，基於科技中立原則，對於一般沒有內建連
結侵權內容APP的手機、平板或合法OTT機上盒等裝置，並沒
有違法的問題。

10 著作權侵權的請求與爭議攻防

　　著作權人對於侵害著作權，在法律上得追訴刑事責任及民事賠償。刑法的效果具有嚴厲的強制性，或剝奪犯罪人的生命或自由，或剝奪犯罪人一定的財產，是所有法律手段中最具威嚇性也最具痛苦性的，所以刑法是否應介入人們一切社會生活，宜採謙抑態度。

　　侵害智慧財產權是否應負刑事責任，一直受到熱烈討論，大多數意見認為在經濟知識時代，侵害智慧財產權將使社會經濟活動受到嚴重傷害，應該算是犯罪。世界貿易組織（WTO）的「與貿易有關的智慧財產權協定」（TRIPs）第61條則要求會員國，至少應對符合商業規模的故意仿冒商標或侵害著作權行為施以刑事制裁。

　　我國目前專利法已完全除罪化，商標法及著作權法則仍有刑罰規定，且著作權法的刑罰規定比TRIPs要求的「商業規模」要件廣泛；另外，針對著作權的侵權，也有民事損害賠償責任的問題。刑事處罰是國家針對犯罪所為具強制性、痛苦性

的制裁，主要目的在於預防犯罪的發生；常見的錯誤觀念是，既然被法院判刑了，是否就不用再對被害人賠償了。

權利人的權利受到侵害，站在公平正義的立場，應使被害人的損害能迅速而完整地填補，這是民事侵權行為制度的主要機能，而且民事侵權行為法制也能藉由規定何種行為應負賠償責任，來確定一般行為人所遵行的規範，或嚇阻侵害行為的發生，達到預防危害發生的目的。

● **侵害智慧財產權的責任**

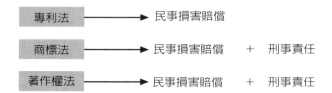

專利法	➤	民事損害賠償		
商標法	➤	民事損害賠償	＋	刑事責任
著作權法	➤	民事損害賠償	＋	刑事責任

刑事責任

一、侵害著作重製權罪

著作權法的刑責頗重，從下表比較可以得知，意圖銷售或出租之重製罪之刑責最重五年，與刑法上竊盜罪相同，罰金刑甚至還比竊盜罪重，而若意圖營利以重製於光碟的方式侵害他人之著作財產權，還屬非告訴乃論之罪（即使與告訴人和解，法院仍然會判刑）。如此重的刑罰制裁，頗有亂世用重典的思維，而現今容易觸法者畢竟以學生居多，不得不慎。2004年修法時，因為不區分營利或非營利，部分立法委員擔心修法後

對於非營利使用的空間壓縮，對民眾不利，所以在立法說明中特別註明：「縱使是超越合理使用範圍，構成侵害，是否舉發、是否處罰，檢察官與法官仍應考量侵害的金額及數量，予以裁量。」問題是檢察官與法官「微罪不舉」、「微罪不罰」的裁量空間並不來自於著作權法修法的立法說明，而國內司法在政府貿易談判及權利人團體的壓力下，能有多少「微罪不舉」、「微罪不罰」的裁量空間，令人悲觀。

法條依據	著作權法第91條第1項重製罪	著作權法第91條第2項意圖銷售或出租之重製罪	著作權法第91條第3項意圖銷售或出租之重製光碟罪
主觀犯意	有重製之故意即可（不區分營利或非營利）	重製之故意意圖銷售或出租	重製光碟之故意意圖銷售或出租
客觀行為	以重製之方法侵害他人之著作財產權	以重製之方法侵害他人之著作財產權	以重製於光碟之方法犯第2項之罪
刑責	處三年以下有期徒刑、拘役，或科或併科新臺幣75萬元以下罰金。	處六月以上五年以下有期徒刑，得併科新臺幣20萬元以上200萬元以下罰金。	處六月以上五年以下有期徒刑，得併科新臺幣50萬元以上500萬元以下罰金。
告訴乃論與否	告訴乃論之罪	告訴乃論之罪	非告訴乃論之罪

二、侵害散布權罪

　　散布權在有些國家的著作權法中稱之為發行權，就是說著作權人專有散布其著作物，使之在市場上交易或流通的權利。

通常散布著作的方式有兩種，一種是以銷售、出租、贈與等移轉所有權的方法，將著作物提供公眾交易或流通，一種則是以出租或出借的方法，將著作物提供公眾流通。我國著作權法立法之初，並未賦予著作人散布權，1985年修正著作權法時，才賦予著作人出租權，也就是一部分的散布權。1992年修正著作權法，參照日本立法例，於著作權法第87條訂定視為侵害的規定，把明知為盜版物而仍予散布的行為，視作是侵害著作財產權的行為，雖然沒有給予完整的散布權保護，也算是多少給著作人一部分散布權的實質保護，2003年修法時則正式納入散布權。散布的方式包括以移轉所有權之方法（出售或贈與）散布著作原件或其重製物、出租及出借，而刑事責任所適用法條也不一樣，請參考下表。

侵害散布權態樣	以移轉所有權之方法散布著作權法第91條之1	以出租方式散布著作權法第92條	以出借方式散布著作權法第93條
散布權的侵害	擅自以移轉所有權之方法散布著作原件或其重製物而侵害他人之著作財產權者，處三年以下有期徒刑、拘役，或科或併科新臺幣50萬元以下罰金。	擅自以出租之方法侵害他人之著作財產權者，處三年以下有期徒刑、拘役，或科或併科新臺幣75萬元以下罰金。	有下列情形之一者，處二年以下有期徒刑、拘役，或科或併科新臺幣50萬元以下罰金：三、以第87條第1項第1款、第3款、第5款或第6款方法之一侵害他人之著作權者。但第91條之1第2項及第3項規定情形，不包括在內。

侵害散布權態樣	以移轉所有權之方法散布 著作權法 第91條之1	以出租方式散布 著作權法 第92條	以出借方式散布 著作權法 第93條
散布盜版品	明知係侵害著作財產權之重製物而散布或意圖散布而公開陳列或持有者，處三年以下有期徒刑，得併科新臺幣7萬元以上75萬元以下罰金。		
意圖營利以光碟爲重製物（非告訴乃論）	犯前項之罪，其重製物爲光碟者，處六月以上三年以下有期徒刑，得併科新臺幣20萬元以上200萬元以下罰金。但違反第87條第4款規定輸入之光碟，不在此限。		
減刑規定	犯前二項之罪，經供出其物品來源，因而破獲者，得減輕其刑。		

三、侵害其他著作財產權罪

即著作權法第92條「擅自以公開口述、公開播送、公開上映、公開演出、公開傳輸、公開展示、改作、編輯、出租之方法侵害他人之著作財產權者，處三年以下有期徒刑、拘役，或科或併科新臺幣七十五萬元以下罰金。」

四、視為侵害著作權罪

著作權法第93條「有下列情形之一者，處二年以下有期徒刑、拘役，或科或併科新臺幣五十萬元以下罰金：一、侵害第十五條至第十七條規定之著作人格權者。二、違反第七十條規定者。三、以第八十七條第一項第一款、第三款、第五款或第六款方法之一侵害他人之著作權者。但第九十一條之一第二項及第三項規定情形，不在此限。四、違反第八十七條第一項第七款或第八款規定者。」

此條文中有關真品平行輸入的問題，在本書後面的單元會再詳細介紹。

此處另外特別說明，侵害著作人格權之行為，2003年7月9日修正公布前的著作權法規定有刑事責任，最高可處至二年以下有期徒刑，不過這項刑事制裁的規定，在2003年修法時（7月11日施行），立法委員認為侵害著作人格權以民事手段救濟應已足夠，不以刑事處罰為必要，即將刑事處罰的規定刪除。其實侵害著作人格權的不法程度並不較侵害著作財產權輕，侵害著作財產權的刑罰尚且因修法而加重，侵害著作人格權竟完全取消刑罰，二者權益衡量，實難知立法諸公標準何在。不過，立法院隨即於2004年8月24日三讀修正通過著作權法，再將著作人格權的刑事制裁規定恢復（2004年9月3日施行），總之，依目前法制，侵害著作人格權除須負擔民事損害賠償責任，亦有刑事處罰的規定，但屬於告訴乃論之罪。

2019年修法時，為有效規範不法電腦程式之提供者，並配合第87條第1項第8款的增訂，修正本條第4款。

又著作權法第98條規定，犯第91條第3項（以重製於光碟方法侵害著作財產權）及第91條之1第3項（明知係侵害著作

財產權之光碟而散布或意圖散布而公開陳列或持有者）之罪，
其供犯罪所用、犯罪預備之物或犯罪所生之物，不問屬於犯罪
行為人與否，得沒收之。

視為侵害著作權	侵害第15條至第17條之著作人格權	違反第70條規定	以第87條第1項第1款、第3款、第5款或第6款方法之一侵害他人之著作權	違反第87條第1項第7款規定	違反第87條第1項第8款規定（2019年5月3日起）
違反法條內容	公開發表權姓名表示權同一保持權。	對於發行滿六個月錄有音樂著作之銷售用錄音著作，經依法取得強制授權，利用該音樂著作錄製其他銷售用錄音著作，將該錄音著作之重製物銷售至國外。	1.以侵害著作人名譽之方法利用其著作者。2.輸入未經著作財產權人或製版權人授權重製之重製物或製版物者。3.明知係侵害電腦程式著作財產權之重製物而作為營業之使用者。4.明知為侵害著作財產權之物而以移轉所有權或出租以外之方式散布者，或明知為侵害著作財產權之物意圖散布而公開陳列或持有者。	未經著作財產權人同意或授權，意圖供公眾透過網路公開傳輸或重製他人著作，侵害著作財產權，對公眾提供可公開傳輸或重製著作之電腦程式或其他技術，而受有利益者。	明知他人公開播送或公開傳輸之著作侵害著作財產權，意圖供公眾透過網路接觸該等著作，有下列情形之一而受有利益者：1.提供公眾使用匯集該等著作網路位址之電腦程式。2.指導、協助或預設路徑供公眾使用前目之電腦程式。

視為侵害著作權	侵害第15條至第17條之著作人格權	違反第70條規定	以第87條第1項第1款、第3款、第5款或第6款方法之一侵害他人之著作權	違反第87條第1項第7款規定	違反第87條第1項第8款規定（2019年5月3日起）
					3.製造、輸入或銷售載有第一目之電腦程式之設備或器材。
刑責	處二年以下有期徒刑、拘役，或科或併科新臺幣50萬元以下罰金。	處二年以下有期徒刑、拘役，或科或併科新臺幣50萬元以下罰金。	處二年以下有期徒刑、拘役，或科或併科新臺幣50萬元以下罰金。	處二年以下有期徒刑、拘役，或科或併科新臺幣50萬元以下罰金。	處二年以下有期徒刑、拘役，或科或併科新臺幣50萬元以下罰金。
告訴乃論與否	告訴乃論之罪	告訴乃論之罪	告訴乃論之罪	告訴乃論之罪	告訴乃論之罪

修法動態：2020年修正草案

現行部分著作權法第91條第2項、第3項之刑事責任訂有六個月法定刑下限，實務執行呈現情輕法重之失衡問題，致罪責不相符，有違刑法謙抑原則，擬予刪除。

另針對擅自以移轉所有權之方式散布著作原件或其重製物之行為，現行條文分別針對正版品及盜版品訂有處罰規定，惟規範要件及刑度差異不大，不符合社會情感，擬刪除散布正版品之刑事處罰規定，而循民事救濟途徑，藉以與散布盜版品之歸責性加以區隔。

　　至於意圖散布而公開陳列或持有之侵害態樣則另訂處罰規定。

　　此外，由於違反禁止眞品平行輸入之規定僅有民事責任，爲求衡平，爰將違反禁止眞品平行輸入規定之後續散布行爲予以除罪化，違反者均屬民事責任。

民事責任

　　著作權是一私權，如受侵害，被害人對於侵害狀態得請求排除，如有侵害之虞可請求防止，如有損害並可請求侵權人爲損害賠償，原是傳統民法侵權行爲規範的內容，不過著作權法對於侵害著作權的行爲另有規範，應視作是民法的特別法。

　　著作權區分爲著作人格權與著作財產權，前者包括姓名表示權、公開發表權、同一性保持權，屬於對著作人人格的保護；後者是權利人藉以著作用途，獲取各種不同市場收益的工具，我國目前著作權法給予權利人控制十種用途的著作財產權：(一)重製權；(二)改作權；(三)公開口述權；(四)公開播送權；(五)公開上映權；(六)公開演出權；(七)公開展示權；(八)公開傳輸權；(九)散布權；(十)出租權。

　　人格權受侵害時，得請求法院除去其侵害，有受侵害之虞時，得請求防止之。不法侵害他人之名譽或不法侵害其他人格法益而情節重大者，被害人雖非財產上之損害，亦得請求賠償相當之金額，此在民法第18條第1項、第195條第1項分別定有明文。而依同法第18條第2項規定，人格權受侵害時，以法律有特別規定者爲限，得請求損害賠償或慰撫金。侵害著作人格權者，負損害賠償責任；雖非財產上之損害，被害人亦得請求

賠償相當之金額。著作權法第85條第1項對著作人格權已有特別規定，原則上就適用著作權法的特別規定。

所謂侵害著作人格權，係指：(一)未經著作人同意，擅自公開發表著作人尚未公開發表之著作；(二)未經著作人同意，擅自於著作人之著作原件或其重製物或於著作公開發表時，更改著作人之本名、筆名或擅自具名；(三)未經著作人同意，擅自更改著作之內容、形式及名目等情形，致損害著作人之名譽者而言。著作人格權被侵害者，權利人可要求的民事救濟有：

一、金錢賠償。不過法律並無明定計算標準，審酌被害人及加害人之地位、家況、並被害人所受痛苦之程度暨其他一切情事，由法官依個案斟酌決定。

二、回復名譽。被害人除請求金錢賠償外，並得請求表示著作人之姓名或名稱、更正內容或為其他回復名譽之適當處分。

三、判決書公布。著作權被侵害時，被害人得請求以侵害人之費用，將判決書內容全部或一部登載新聞紙、雜誌。

四、銷燬。被害人請求賠償時，對侵害行為作成之物或主要供侵害所用之物，得請求銷燬或為其他必要之處置。

著作財產權是法律給予著作人之報酬，當著作財產權被侵害，即表示權利人無法依市場機能獲取報酬，救濟方式為向侵害人求償。依現行法，著作財產權如被侵害，權利人可要求的民事救濟有：

一、金錢賠償

被害人得依下列規定擇一請求：

(一) 依民法第216條之規定請求（塡補所受損害及所失利益）。但被害人不能證明其損害時，得以其行使權利依通常情形可得預期之利益，減除被侵害後行使同一權利所得利益之差額，爲其所受損害。

(二) 請求侵害人因侵害行爲所得之利益。但侵害人不能證明其成本或必要費用時，以其侵害行爲所得之全部收入，爲其所得利益。

　　權利人如選擇依第1款求償，舉證責任較重，如選擇依第2款請求侵害人因侵害行爲所得利益時，被害人仍要證明侵害人侵害的全部收入，但可不必證明侵害人之實際利益，反而是由侵害人證明其成本及必要費用。

　　在實際的情形，被害人經常不易證明其實際損害額，此時得請求法院依侵害情節，在新臺幣1萬元以上100萬元以下酌定賠償額。如損害行爲屬故意且情節重大者，賠償額得增至新臺幣500萬元。

修法動態：2020年修正草案

　　現行法定賠償實務，被害人須先依現行條文第88條第2項證明其實際損害額，惟著作權係無體財產，被害人實際受損害之情形，往往難以計算或證明，擬明定被害人得選擇依授權所得收取之權利金爲損害計算，或得選擇請求法院依侵害情節，在新臺幣1萬元以上100萬元以下酌定賠償額之規定，解決損害賠償不易舉證之問題，並提升被害人以民事賠償取代刑事訴訟之意願。

二、判決書公布

　　著作財產權被侵害時，無回復名譽的問題，但是被害人仍得請求以侵害人之費用，將判決書內容全部或一部登載新聞紙、雜誌。

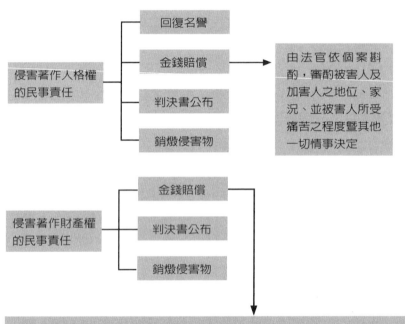

一、被害人就下列方式擇一請求
　　(一)依民法第216條之規定請求（填補所受損害及所失利益）。但被害人不能證明其損害時，得以其行使權利依通常情形可得預期之利益，減除被侵害後行使同一權利所得利益之差額，為其所受損害。
　　(二)請求侵害人因侵害行為所得之利益。但侵害人不能證明其成本或必要費用時，以其侵害行為所得之全部收入，為其所得利益。
二、如被害人難證明其實際損害額，得請求法院依侵害情節，在新臺幣1萬元以上100萬元以下酌定賠償額。如損害行為屬故意且情節重大者，賠償額得增至新臺幣500萬元。

三、銷燬

　　被害人請求賠償時，對侵害行為作成之物或主要供侵害所用之物，得請求銷燬或為其他必要之處置。

　　2003年修法增訂的權利管理電子資訊保護措施，本質上兼有著作人格權及著作財產權的特質，新法亦規定如有違反權利管理電子資訊保護措施，致著作權人受損害時，應負賠償責任。

　　要注意的是，前開損害賠償請求權有短期時效的適用，即自請求權人知有損害及賠償義務人時起二年間不行使而消滅。自有侵權行為時起，逾十年者亦同。請求權罹於消滅時效時，債務人得拒絕給付。

眞品平行輸入問題

　　前面曾提到，著作權區分為著作人格權與著作財產權，侵害著作人格權及著作財產權，都須負擔民事損害賠償責任，如侵害著作財產權，更可能須負擔刑事責任，關於著作人格權及著作財產權的內容，著作權法都有明文規定，則是否侵害著作權，本來只要檢驗侵害行為是否符合著作權法所規定的人格權及財產權內容要件，但是如前所述，著作權法第87條還規定了幾種態樣，本質上雖不是侵害著作權內容的行為，但是該些情形容易造成非法重製物的流通，所以法律以「視為侵害著作權」的立法技術加以規範，以遏阻非法重製物流通，而達實質保護著作人權利的目的。

　　著作權法第87條第1項第4款規定，「有下列情形之一者，除本法另有規定外，視為侵害著作權或製版權：四、未經

著作財產權人同意而輸入著作原件或其國外合法重製物者。」

　　對於上開「視為侵害著作權」中，著作權法第87條第1項第4款的規定，簡單說就是不准真品平行輸入。此條款頗為嚴厲，如嚴格遵守，不利消費者權益，且有礙著作流通，因此立法政策上，考量著作權人私益及公共利益的平衡，著作權法第87條之1再對禁止真品平行輸入的原則，設有例外規定，即認為在以下各種情形的真品輸入不被認為侵害著作權：

　　一、為供中央或地方機關之利用而輸入。但為供學校或其他教育機構之利用而輸入或非以保存資料之目的而輸入視聽著作原件或其重製物者，不在此限。

　　二、為供非營利之學術、教育或宗教機構保存資料之目的而輸入視聽著作原件或一定數量重製物，或為其圖書館借閱或保存資料之目的而輸入視聽著作以外之其他著作原件或一定數量重製物，並應依第48條規定利用之。（依主管機關函示，視聽著作重製物者，以一份為限，視聽著作以外之其他著作重製物者，以五份以下為限）

　　三、為供輸入者個人非散布之利用或屬入境人員行李之一部分而輸入著作原件或一定數量重製物者。（依主管機關函示，每次每一著作以一份為限）

　　四、中央或地方政府機關、非營利機構或團體、依法立案之各級學校，為專供視覺障礙者、學習障礙者、聽覺障礙者或其他感知著作有困難之障礙者使用之目的，得輸入以翻譯、點字、錄音、數位轉換、口述影像、附加手語或其他方式重製之著作重製物，並應依第53條規定利用之。

　　五、附含於貨物、機器或設備之著作原件或其重製物，隨同貨物、機器或設備之合法輸入而輸入者，該著作原件或其重

製物於使用或操作貨物、機器或設備時不得重製。

　　六、附屬於貨物、機器或設備之說明書或操作手冊，隨同貨物、機器或設備之合法輸入而輸入者。但以說明書或操作手冊為主要輸入者，不在此限。

　　在「視為侵害著作權」的情形，因為是法律明定為侵害著作權，因此侵害著作權所得主張的民事救濟，均有適用；不過就刑事責任的部分，則僅有以著作權法第87條第1項第1款、第3款、第5款或第6款之方法侵害他人之著作財產權的情形，始須負擔刑事責任。至於著作權法第87條第1項第4款真品平行輸入的情形，則僅有民事責任，而無刑事責任。

　　如單純自境外輸入著作原件或其國外合法重製物者，如有違法情形，不問所輸入著作重製物數量之多寡，均僅有民事責任而無刑責。但是該「真品」輸入之後，如有進一步以移轉所有權之方式散布，或予以非法出租者（如：未經同意出租電腦程式著作或錄音著作），則依第91條之1第1項、第2項或第92條規定，仍有刑事處罰規定。

　　一般民眾有時自國外購買盜版品回國，可能會違反著作權法第87條第1項第3款「輸入未經著作財產權人或製版權人授權重製之重製物或製版物」，須負擔民事及刑事責任；又輸入後，如明知為侵害著作財產權之物（盜版品），卻意圖散布而公開陳列或持有，或將侵害電腦程式著作財產權之重製物而作為營業之使用，則違反著作權法第87條第1項第5款及第6款的規定，也須負擔民事及刑事責任。

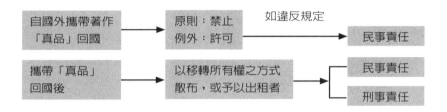

爭議攻防思考方向

　　一般著作權爭議，由於著作權法有刑事責任之規定，所以權利人通常多先循刑事訴訟途徑訴追侵權人的刑事責任，以收嚇阻之效。以最常見關於侵害重製權的著作權侵權爭議的攻防焦點不外：1.著作是否具原創性、是否為著作權法所保護之著作；2.被控侵權人有無接觸著作權人的著作；3.被控侵權人所重製的物件是否與著作權人的著作實質近似；4.被控侵權人有無免責事由。這些攻防焦點，不論是著作權人或被控侵權人在司法實務操作上均有若干作為可以參考：

侵權爭議要件	著作權人的作為	被控侵權人的作為	備註
著作是否具原創性？是否為著作權法所保護之著作？	著作權人需舉證著作已完成且為原創，例如：公開發表日期及方法、原稿、工作日誌、會議紀錄、證人等。著作權人對該著作的權利存在，例如：授權證明、非著作權不保護的標的、並非著作權法所定保護範圍外等。	被控侵權人得主張：著作權人的著作無原創性。著作權人的著作不在著作權法保護範圍。控訴人並未取得合法授權。	最高法院87年度台上字第2366號判決意旨：必具有原創性之人類精神上創作，且達足以表現作者之個性或獨特性之程度者，始享有著作權，而受著作權法之保護。

侵權爭議要件	著作權人的作為	被控侵權人的作為	備註
被控侵權人有無接觸著作權人的著作？	著作權人得主張：著作已公開發表，依社會通常情況有合理機會閱聽著作。被控侵權人有接觸著作的具體事實。因二著作明顯相似，故推定有接觸。	被控侵權人得主張：並未曾接觸該著作，被控侵權物件是被控侵權人獨立創作（提出原稿、工作日誌、會議紀錄、證人等創作過程證明）。	有無接觸不以提出實際接觸之直接證據為必要，倘二著作明顯近似，足以合理排除後者有獨立創作之可能性，或二著作存有共同之錯誤、不當之引註或不必要之冗言等情事，均可推定後者曾接觸前者（最高法院99年度台上字第2109號民事判決意旨參照）。
被控侵權人所重製的物件是否與著作權人的著作實質近似？	著作權人得主張：完全抄襲。雖未完全抄襲，但（質與量）實質近似。	被控侵權人得主張：兩者無實質近似。（宜詳細敘明兩者不同處，且該不同處為重要要素）	所謂「實質相似」，指被告著作引用著作權人著作中實質且重要之表達部分，且須綜合「質」與「量」兩方面考量（最高法院97年度台上字第3121號刑事判決意旨參照）。司法實務偶有就此部

侵權爭議要件	著作權人的作為	被控侵權人的作為	備註
			分送請專業機構鑑定，兩造宜就有利自己部分妥為整理主張。
被控侵權人有無免責事由？	著作權人得主張：被控侵權人的利用不符合著作權法中的免責事由，尤其是侵害著作權人的市場（包含潛在市場）利益。被控侵權人的利用並不完全符合合理使用要件（例如未註明出處）。	被控侵權人得主張：僅理念或概念相同，而非表達形式相同。表達與構想合一而不可分。著作權已消滅。個人使用抗辯。免責條款抗辯。合理使用抗辯。無故意過失。	
時效	著作權人應注意對刑事告訴乃論之罪，需在知悉犯人時起六個月內提出告訴。著作權人應注意主張民事損害賠償，需在知有損害及賠償義務人時起二年內提出民事訴訟。	被控侵權人得主張：告訴不合法（告訴人非權利人、已逾告訴期間）。民事請求權時效已消滅，得拒絕給付。	民事損害賠償請求權時效的起算，與檢察官起訴或法院定罪與否無關，常見因刑事案件偵辦過久，而權利人疏忽在時效內提出民事訴訟請求損害賠償。刑事上是否逾越告訴期間，檢察官或法官需依職權調

侵權爭議要件	著作權人的作為	被控侵權人的作為	備註
			查；但民事上請求權是否罹於時效，屬於當事人抗辯事項，如果當事人未主張，法院不得自行判斷。

著作權的新時代展望

公共利益的保護應受重視

從歷史的角度觀察，著作權制度的建立，不是單純從保護財產權出發，保護作者權的目的在於鼓勵學習及防止書商壟斷，在各國立法過程與爭執中，常顯露出政策對於衡量公益與私益間的抉擇與妥協。

現今著作權擁護者多從保護作者權益出發，尤其宣揚保護作者權可使文化資產豐富，且多以創作者努力付出的回饋作為建立著作權制度的理由，儼然將著作權視為作者或書商的「自然權利」，不過，若將著作權視為自然權利，則著作權法所關心者，只是權利的範圍及對個人的影響。

事實上我們更應該將著作權視為國家政策的工具，則著作權法必須能促進智慧、有效率的著作，以增進社會的福利。

目前世界各國的著作權法制都不會忽略公益原則在著作權法上的重要性，如：我國著作權法第1條前段即明白揭露：「為保障著作人著作權益，調和社會公共利益，促進國家文

化發展，特制定本法。」就以常用經濟強勢影響外國著作權立法的美國而言，甚至在憲法中對著作權法的立法政策有明確指示，即第1條第1項第8款：「The Congress shall have power ...to Promote the Progress of Science and Useful Arts, by Securing for limited Times to Authors and Inventors the exclusive Right to their Writings and Discoveries.」很明白地說明，立法是爲了促進科學（science）與有用技藝（useful arts）的進步，也就是說制定著作權法必須是爲了促進學習，保護作者只是其手段而已，所以美國著作權法立法的基本精神，最主要的目的是造福公眾，保護著作人僅是次要目的。

　　WTO的TRIPs也開宗明義指出該協定是「與貿易有關」，目的在於減少國際貿易中的扭曲與障礙，但該協定仍然不致忽略智慧財產權中的公益性質，即在協定序言中一方面揭示「（會員）承認智慧財產權爲私權」，另一方面則緊接著明示「（會員）都認爲知識產權的國內制度中公共利益的保護，包括發展及技術目標，是一國之政策目標。」顯然希望能思考承認私權與公共利益保障的平衡。

　　總之，著作權法給予作者、企業者與大眾不同的權利。作者享有人格權，且不得轉讓；作者享有財產權，但得將之轉讓與企業家，共同取得市場利益，並依契約規範分配利益；讀者及使用者，也就是社會一般大眾，則應享有使用者權，在利益衡量時，不宜以保護著作人作爲觀察及適用法制的全部，以免傷害公共利益。

以新眼光看待新科技對著作權的影響

傳統的著作物，都必須附著在儲存媒體成為著作物，分別藉著作物的行銷展示，或表演人的表演或演奏，或將其表演播送、廣播或展出而散布，才可能利用市場取得消費者給予著作的市場價值。

不過，現代數位與電腦技術的發展改變了市場結構，在電腦或數位科技下，著作附著在儲存媒體後，不必大量複製著作物，即可散布，著作由電腦系統轉化成數位後，電腦系統以電子脈衝（electronic impulse）經由通訊網路輕易地將著作本身散布到其他電腦系統上，不必依賴儲存媒體的交換；而且數位化與電腦技術，也使觀眾、聽眾利用電子脈衝存錄而保有著作物，品質不會隨著使用次數而降低；數位化技術可複製的著作物幾乎是無限制的；甚至連原本僅能透過參觀原件始能突顯價值的美術著作，也因以現代的數位與電腦技術，可以使大眾不必到現場參觀展示。

傳統印刷術使作者自贊助者處解放獨立出來，而與出版社結盟，發展了著作權制度；而現代化的網路技術讓作者可以考慮不必依賴出版社，而能真正獨立自行散布其著作。換言之，現今網路技術有可能使作者、出版社或廣播公司、消費者關係解體，使得創作者有可能不需經過出版商或企業家的協助（或剝削），就能直接與讀者或閱聽大眾溝通。

科學技術牽動經濟關係以及市場結構的變化，無論是作者、企業家或是讀者，各參與者的角色勢必面臨重整，其中最大的問題也許是如何合理取得及分配市場利潤，而且兼顧創作的多樣化及社會大眾利益。

如果仍然堅持將自十八世紀發展以控制重製（印刷技術）為規範核心的著作權制度，硬要套到現今對重製及傳播技術有重大改變的電腦網路技術，恐怕會引發很大的爭議，尤其遙想當年為了因應印刷術而建立的著作權制度，協助了文化產業發展，至今約三百年，繼續延用或在舊有框架下變動現有法制，會對新科技所帶來的新興產業是阻礙還是貢獻，應該要深入思考。

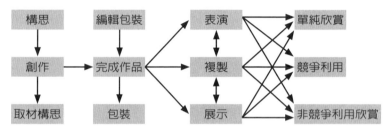

	構思 / 創作 / 取材構思	編輯包裝 / 完成作品 / 包裝	表演 / 複製 / 展示	單純欣賞 / 競爭利用 / 非競爭利用欣賞
目前法令保護情形	1.缺乏對創意的保護 2.取材受限制	1.作者依賴出版商印製行銷作品 2.作者與出版商間以契約關係拘束	1.現行著作權保護重心的所在 2.以印刷術為基礎的法律控制	1.對權利人保護仍有不足（如merchan-dising right、right of publicity） 2.社會知識累積與文化發展的關鍵
e化的衝擊	1.由於複製成本大為降低，對創意保護的重要性更為突顯 2.原創性舉證更為不易	1.作者可以擺脫出版商，直接與讀者分享或溝通 2.作者獲取利益方式有更多的技術因素	1.電腦與網路的本質就是複製，如仍因循傳統著作權控制著作的複製，將有礙進步 2.e化使著作的複製、流通、保存均有重大改變	1.個人使用與合理使用的爭論更大 2.權利管理措施與科技保護措施對公共利益的不利影響

從上面的圖示，可以從創意進入著作權市場的流程，去觀察印刷術時代及現今數位時代，著作權法所面臨的挑戰，在這當中不變的是：作者表達思想理念，關切其著作的尊嚴與完

整；作者與企業家分工合作利用市場取得消費者給予的市場價值（作者也有可能利用新科技，而不透過企業家，直接與社會大眾溝通）；企業家散布思想理念，在乎其投資的報酬；大眾享受使用知識與創意，強調使用知識與創意的自由。

著作權法的未來，還是會在著作權市場的各參與者間，就著作與新科技技術的相互影響，衡量著作人、企業及社會大眾間的權益觀察，希望在各種利益衝突爭執中，找尋平衡且三贏解決方案。

法律制度通常跟不上科學技術的進步，而成為社會秩序的落後機制。但其實不需過度擔心法律制度不健全一定會造成社會的失序，尤其是一般人民的經濟生活，常常是市場上能夠運用順暢且被認為合理的機制被立法，如果政府就一件尚未被社會大眾接受的觀念強硬立法，反而有可能破壞人們熟悉的秩序。

如果我們希望法律制度被遵守，則其公正性與合理性須經得起時間與空間的檢驗，且其內容應該是清晰的、實用的，更應是為了全體國民而非個人私益所制定的，從這個觀點出發，對於著作權面臨新技術而受挑戰的規範，未必要急率立法，而應仔細評估問題的特殊性，考量實際交易成本與社會影響程度，且就現實問題進行衡量，找出最好的解決方法。

其實法律面對社會的變化，本來就會有時間造成的自然落差，在國會中讓代表各方利益的立法者折衝、協調，本來就是民主常態，毋庸將彼此立場不同者視為仇寇，甚或詆毀、攻訐，而且市場力量會不斷運作調整，甚至在法院還在煩惱如何以有限的法律處理複雜的市場爭議時，市場各參與者已經找到彼此能夠接受的方案，近來國際間與台灣，就P to P網路音樂

的爭議，已經有多件由唱片業與網路業達成積極的合作方案，就是最好的例子。

　　人們對社會變化的包容與反省需要時間與空間，法律是一種不斷完善的實踐，我們很難想像去制定一套完美無瑕可以永不更改的法律制度，而開放自由的社會，理性且充分的討論與創作環境，正可以提供法律制度成長與鞏固的空間及機會。

附錄：理論運用與案例思考

　　本附錄案例雖以真實新聞事件討論，但用意在於以著作權理論思考及反省，並非對任何爭執之當事人有任何負面評價；且請讀者留意，各別個案的判斷未必皆盡相同，如遇實際問題，仍請諮詢專業人士。

網路檢查制度的正當性？

 案例

　　經濟部智慧財產局一度於2013年5月21日表示，未來會直接要求ISP（網際網路服務供應商）業者封鎖境外侵權網站，約束網路盜版行徑。台北市議員戴錫欽則於2013年5月28日在市政總質詢時指出，北市府的Taipei Free擁有200多萬用戶，不應該被動等待智財局指示，應立即研議相關措施。台北市長郝龍斌說，會要求法務局、資訊局檢討改進。市府資訊局長詹德存表示，Taiepi Free過去已針對PPS、風

行網、色情網站等進行封鎖，未來將進行清查，最快一個月後開始封鎖違法侵權網站，影響範圍包括室內用戶、商圈等使用Taipei Free的場所。

回顧著作權制度起源的必要

　　一般認為著作權是作者權的觀念，是從1710年英國安娜女王法案之後開始的，現代先進國家的著作權法立法目的一定少不了「保護作者」。但把著作當成財產權的觀念，其實早在安娜女王法案之前就有了，在印刷術引進英國之後，書商及出版商的利益與政府檢查出版品制度相結合，使書商及出版商享有長期的書籍出版壟斷權。

　　著作權法今日面臨的巨大挑戰是對新興科技（尤其是電腦網路科技）的因應，而著作權的起源正與當時新興科技——印刷術有關，因此在思索現代著作權法新興問題之同時，回顧著作權法的歷史起源，可以對現今相關的制度所面臨的困惑進行解讀，並對問題本質有根本性的啟發。

印刷術在英國的發展

　　英國的印刷事業自卡克斯頓（Caxton, William）在1476年從德國學成印刷術回到英國後開展，當年年底他在西敏寺的救貧院內裝設木版印刷機，這是英國最早的印刷廠，1477年他印出了英國本土的第一本印刷書籍《先哲論道》。

　　1484年英皇理查三世（Richard Ⅲ）頒布一命令，限制外國人在英國從事貿易行為，但印刷及販賣書籍並不在限制範

圍之列，這是因為當時英國的印刷產業並不成熟，對於外國出版商的鼓勵，有助於英國本土印刷產業的發展，大約五十年後，前開禁止貿易的命令就未再將印刷及販賣書籍放在除外規定了，至1533年廢止1484年的命令，但禁止為轉售而進口書籍，更禁止購買任何零售的進口書籍，可以看得出來，這時候的英國印刷產業已慢慢進入成熟階段，法令也從扶植建立印刷產業轉向加強保護國內產業市場。

英國政治與宗教混亂，使皇室重視言論檢查制度

英國開始以掌控印刷出版活動作為檢查書籍出版品的手段，最重要的人是亨利八世（Henry Ⅷ）。

一般世人最熟知亨利八世的事蹟大概是其為離婚案與羅馬教廷決裂。其實嚴格說來，亨利八世面對的並不是「離婚問題」。亨利八世即位不久就與其兄長亞瑟的遺孀凱薩琳（Catherine of Aragon）結婚，當時依例寡婦不得再嫁給夫弟，雖然亨利八世迎娶凱薩琳時曾得到當時羅馬教皇的許可，不過因為凱薩琳所生子女除瑪麗公主外，均於襁褓中夭折，亨利遂請求宣告其婚姻無效，而一心想迎娶安娜博林（Anne Boleyn）；亨利並非單純貪圖女色，當時及前後百年內的君主本多畜養私婦，不足為奇，但亨利望子心切，希望能有一合法的王子繼承王位，期使英國爾後不致引起繼承之戰或受制於外國。

當時羅馬教皇克雷門特七世（Clement Ⅶ）拒絕解放亨利的婚約，也不是因為宗教或道德的觀念，而是因為他受制於當時德意志皇帝查理五世，查理五世正是凱薩琳的內侄。因此亨利八世與羅馬教皇的鬥爭，表面上看來是因為亨利的私生活，

　　但其實關鍵在於英國是否願意繼續受列強及敵國所操縱的教權所宰制？當時英國人雖然也很同情並無瑕疵且備嘗艱困的凱薩琳及瑪麗公主，而對安娜博林並無好感，但因這場「離婚案」所引發的宗教及政治問題很快地淹沒國王私德問題，反而使英國人民支持亨利對抗羅馬教廷。亨利八世在1534年宣布與凱薩琳間的婚姻無效，並宣布國王才是英格蘭教會的唯一首腦，並開始鎮壓修道院，展開與羅馬教廷的爭鬥。

　　早在1529年時，亨利八世就公告了書籍檢查制度，還發布了英國第一次的禁書名單，在與羅馬決裂後，亨利八世更建立了嚴格的檢查制度以作為與教廷鬥爭的工具。1538年象徵著英國出版品檢查制度的開端，這年的11月16日亨利八世公告建立了第一套皇家授權制度，其中重要內容包括：禁止輸入國外所印製非英文書籍；除非得到樞密院或指定人的許可，不准印刷英文書籍；除非得到國王、樞密院或主教的許可，不准出版英文經書。

　　爾後一直到1694年檢查制度的結束，英國一直處在政治與宗教的紛爭中，亨利八世在1547年過世，其後之繼承王位者幾乎宗教立場都不一樣，國內政教環境經常處於混亂局面。

　　亨利八世之後的愛德華六世（Edward Ⅵ）是虔誠的新教徒，積極推動英國的宗教改革運動。

　　之後瑪麗一世（Mary Ⅰ）卻是天主教徒，還涉嫌殺害300名的新教徒，獲致「血腥瑪麗」（Bloody Mary）的不名譽稱號。

　　之後伊麗莎白一世（Elizabeth Ⅰ）認為要當英國女王就應該信奉新教，正式引進聖公會教堂，並迫害天主教徒。

　　伊麗莎白一世於1603年去世後，詹姆斯一世（James Ⅰ）

即位又開始反對新教徒。

之後查理一世（Charles Ⅰ）同情天主教。

查理一世受審被處死後，克倫威爾（Cromwell, Oliver）所領導的共和政治（Commonwealth）與護國政治（Protectorate），則使英國成爲新教徒在歐洲的領導者。

查理二世（Charles Ⅱ）復辟後，則利用相互衝突的政治宗教勢力獲益。

詹姆斯二世（James Ⅱ）即位後優遇天主教卻引起舉國憤慨。

上面所述這一連串的政教衝突與紛擾，無論立場爲何，君王都希望借用印刷術強大的宣傳力量來宣揚自我信念，而爲了打擊對手，不管得權掌勢者爲何人，都不會忘記用檢查制度來鎮壓異教、壓迫敵方。

出版商業同業公會與檢查制度的結合

英國王室利用檢查制度打擊異己，已如前述，但是政府想要控制人民閱讀內容，進而掌控人民思想，最好的方法不是告訴人民應該閱讀或不准閱讀何種書籍，而是直接控制印刷及出版業。換言之。重要控制點在書籍的生產及複製工具，把出版及印刷控制住，自然能順利運行檢查制度。

另一方面，當時正在英國興起的印刷產業，爲了相互限制價格、控制出產、分配市場等經濟目的，亟思結合彼此的利益，在1557年5月4日瑪麗一世同意特許成立出版商業同業公會（Stationers' Company），當時印刷出版業者期待著自身利益獲得充分的保護，政府則利用控制出版業來箝制言論。

瑪麗一世的動機很顯然只是爲檢查制度找一個有效率的代

理人，這樣的合作關係持續了一百多年。

如果說當時有「著作權」的概念，也與作者毫無關係，因為作者並非公會會員，政府僅賦予出版商業同業公會的壟斷權，無論從理論或實際面觀察，都只是出版商間以公會形式分享印製特定作品的專屬權利，或可稱為公會著作權（The Stationers' Copyright）。

出版業對著作權的需求又與當時統治者希望以檢查制度控制對政局不利的出版品的意圖不謀而合，使得書商的獨占利益與政府的統治相結合。

瑪麗一世主政時的上議院（House of Lords）在1558年11月5日通過一法案，限制出版業者的活動──「除非得到國王或女王的許可，否則任何人均不得印行書籍」，這有可能是世上第一部限制出版自由的法令，諷刺的是，在卡克斯頓於1477年印出了英國本土的第一本印刷書籍後，印刷術在英國利用不到一百年，竟然變為統治者所憎恨的產物。

在都鐸王朝〔亨利七世（1485-1509）、亨利八世（1509-1547）、愛德華一世（1547-1553）、瑪麗一世（1553-1558）、伊麗莎白一世（1558-1603）〕與斯圖亞特王朝〔詹姆斯一世（1603-1625）與查理一世（1625-1649）〕掌理英國期間，有三個主要的法令與檢查制度相關，即1586年星室法院命令（Star Chamber Decrees of 1586）、1637年星室法院命令（Star Chamber Decrees of 1637）及1662年的授權法（Licensing Act of 1662），這三個法令使檢查制度與出版商業同業公會緊密結合。

星室法院是屬於英國皇家特別法院，本是為了聽取人民的申訴及冤情所設，其地位在都鐸王朝與斯圖亞特王朝初期甚為

突出，其由樞密官及兩名首席法官組成，迅速而有效地處理案件，尤其是涉及公共秩序的案件，但後來爲查理一世用來對付政府內的反對派，逐漸引起人民不滿，而後在1641年被長期國會（Long Parliament）廢除。依照星室法院的命令，一切圖書在出版前，必須交到出版商業同業公會登記，非公會會員則不得從事印刷出版活動，違反者將交由星室法院懲處。

爾後，克倫威爾時期的共和政體將星室法院廢除，但並沒有取消出版商業同業公會的特權，只是以議會頒發授權許可證的方式取代星室法院命令而已，查理二世復辟後，亦對此種授權許可制度予以承認，1662年英國頒布授權法（Licensing Act of 1662），法案主要內容規定：(1)凡印刷出版圖書，必須在出版商業同業公會登記並領取印刷授權許可證；(2)凡取得授權許可證者，均有權禁止他人翻印或進口有關圖書。

1662年的授權法大致上只是1637年星室法院命令的翻版，僅有小小的變動，最重要的變動是該授權法只有二年的時效，時效屆至時，由國會決定延長更新與否及時效期間，授權法效力經國會一再延長。嗣於1685年時國會決定再延長七年。

1694年國會必須決定是否再度延長授權法時效時，令印刷出版商失望的事發生了，國會拒絕再次更新授權法。

在歷經將近一百五十年的書商獨占利益與政府統治相結合的局面，終有瓦解跡象。

當時的印刷技術較卡克斯頓時代已大爲進步，但政府長期管制政策使得出版商業同業公會的少數成員（書商）掌控了大部分的經濟利益，不但作者需仰書商鼻息，一般社會大眾也必須忍受其壟斷而高昂的書價，當時國會對這種壟斷的厭惡甚至

超越了對檢查制度箝制言論的不悅，這也是1694年國會拒絕再次更新授權法的主要原因。

安娜女王法案的制定與施行

1694年英國國會拒絕再次更新授權法，書商的私人利益失去了政府的保障，他們極為擔心屬於書商的「著作權」就此壽終正寢，他們開始向國會請願，要求回復檢查制度。

僅以保護書商利益或支持檢查制度的訴求很難再被國會接受，於是書商們改弦易轍，揚起保護作者的大旗，為作者的利益請命，要求國會立法保護作者，這個策略成功了，1709年12月12日英國制定了世界上第一部著作權成文法——安娜女王法案（The Statute of Anne），正式名稱是：「An act for the encouragement of learning, by vesting the copies of printed books in the authors or purchasers of such copies, during the time therein mentioned」。（法案於1710年4月10日施行）

安娜女王法案對現代著作權法的影響

一、防止書商獨占壟斷

安娜女王法案直接打破了出版商業同業公會與書商的壟斷獨占，例如：

(一) 法案第1條規定對法案施行前已發行的著作，自法案施行日起算，僅再享有二十一年的獨占期間，直接處理現行壟斷的問題，二十一年期限一到，這些著作就應該進入公共領域（public domain），歸社會共用。

(二) 法案第3條提供作者另一管道確認其著作權，如果出版公會拒絕其註冊，即利用在公報（Gazette）上廣告方式確

認，避免公會不當限制或要脅作者。

(三) 法案第4條直接約束書商對書價的掌控，避免過高或不合理的價格。

(四) 法案第7條規定賦予著作權不被解釋為擴大禁止外國書籍的進口或銷售。

二、保護作者權

安娜女王法案提供了二種類型的著作權，一為公會著作權，即對法案施行前已發行的著作，自法案施行日起算，僅再享有二十一年的獨占期間；另一較重要也是法案重心為法定著作權，即如至法案施行日著作尚未排版或已排版但未印刷出版，則自著作印行日起算享有十四年的著作權。

對作者而言，這是第一次法律賦予其對著作的權利，這對作者確實是有益處的，而且由法律明示保護作者是立法目的之一，對提升作者在著作權市場的地位有獨特的意義。

表面上看來，安娜女王法案是為著作人的利益所制定，但當時主要得利者卻是書商，因為將著作印製成書本需花費大量的成本（排版、印刷、校對、行銷等），一般作者不太可能有獨立出版其著作的能力，作者為了取得其創作之實質報酬，必須將著作權轉讓給有出版能力的書商，否則若書商不願將著作印製成書，作者將無任何收益可言，所以著作人與書商間受著作權法的影響不大，反而仍以契約法則支配彼此間的權利義務，即需雙方當事人均同意，始發生財產權移轉的效果。

安娜女王法案後，書商仍然可以從作者處受讓著作權，取得法律保護，得以排除市場競爭者，成為最大贏家。

儘管如此，安娜女王法案畢竟直接揭示出了作者權觀念，

在法律上這個權利是屬於作者的，從長遠看來，這觀念可能會有助於提升作者與書商間協商的地位，至少從作者的角度觀察，書商必須取得作者的同意才能出版著作，也就是說，在書籍交易市場中，作者找到了比較有利的談判立場，這有助於作者獲致合理的經濟地位。

直到今日世界各國的著作權法制，都是以直接保護作者的著作權為出發，而且在現實世界中，雖然大型文化企業還是實質上掌控資源，並獲取大部分的利潤，但也確實出現了以寫作為職業的作家，而且受讀者歡迎的暢銷作家在出版市場上的地為極其優越，明顯地看出屬於作者的著作權發揮了功用。

三、奠定著作權法定權利說

關於著作權的本質，一直有兩種理論相對立——自然權理論與法定獨占理論。前者認為著作權是作者因創作所生的自然財產，後者則認為著作權是法律所賦予著作人一有限制的獨占權利。

若將著作權視為「自然權利」，則著作權法所關心者，只是權利的範圍及對個人的影響；但若將著作權視為國家政策的工具，則著作權法必須能促進有智慧、有效率的著作，以增進社會的福利。目前著作權法學界，雖少有再奉自然權理論為圭臬者，但自然權理論的想法卻仍然多少影響著現今著作權法的發展。

在安娜女王法案前，著作權最多屬於商業同業公會會員間彼此分享的權利，而且這個權利還是國家的實行檢查制度的一項工具，作者除與書商諮商簽訂合同外，並無任何私權可言。

安娜女王法案的制定事實上是書商拿作者權當幌子爭取來

的，因為以當時的經濟優勢，書商有信心作者會將其著作權轉讓。

安娜女王法案確實是建立了作者權的觀念，但法案從未告訴世人著作權是屬於作者永恆不變的自然權利，除了法案名稱提醒我們創設著作權的目的是鼓勵學習外，另外還必須符合一定的法定要件，始能取得權利，例如：第2條、第3條的註冊制度及第5條的送存制度。

四、公共利益的保護

安娜女王法案制定時，國會當然明白雖然以保護作者權為重心，但書商的獲利還是最大，因此在法案中加上濃厚的公益色彩，以緩和書商的獨占，安娜女王法案中最重要的二項與以往不同而有益於公益的是：(1)限制著作權期間，使逾越著作權期間的著作進入公共領域，由社會共用；(2)著作權不再是由出版商業同業公會（書商）所享有，而是任何人都可能享有自己著作的著作權（法案中並未對作者的資格為限制，理論上任何人均能成為作者），而且其權利的確認不再受書商的箝制。

此外，第2條、第3條的註冊制度，防止人民無端觸法，降低交易成本；第5條的送存制度，充實大學及圖書館的藏書，有助於公眾閱讀學習，在當時都是與公益有關，雖然現今許多國家都不再採行註冊制度與送存制度，但是著作權期間的限制還是被堅持著，著作權的保護期間即反映著公益原則，法律給予著作人就其著作財產權有限期間的保護，就直接效果而言，著作權人在該期間內享有壟斷之利益，但期間屆滿後，公眾得自由利用著作權；而著作物的價格降低，有助於著作中

思想、概念的廣為流傳，國家整體文化能更為發展，這才是著作權制度的最終目標。此外，著作權法理論經過多年的發展，亦建立了如：限度保護原則、法定獨占原則、合理使用原則、接近使用原則及個人使用原則等原則，用以支持公共利益的保護。

　　目前世界各國的著作權法制都不會忽略公益原則在著作權法上的重要性，如：我國著作權法第1條即明白揭露：「為保障著作人著作權益，調和社會公共利益，促進國家文化發展，特制定本法。」美國甚至在憲法中對著作權法的立法政策有明確指示，即第1條第1項第8款：「*The Congress shall have power ...to Promote the Progress of Science and Useful Arts, by Securing for limited Times to Authors and Inventors the exclusive Right to their Writings and Discoveries.*」很明白地說明，立法是為了促進科學（science）與實用技藝（useful arts）的進步，也就是說制定著作權法必須是為了促進學習，至於保護作者只是其手段而已，所以美國著作權法立法的基本精神，最主要的目的是造福公眾，保護著作人僅是次要目的，這也可以看得出美國著作權法制確實受到英國安娜女王法案很深的影響。

結論

　　著作權理念的起源與作者的關係不大，反而與書籍的製造及販賣至有關係。在英國安娜女王法案之前，著作權觀念只是出版商間以公會形式分享印製特定作品的專屬權利，而出版業對著作權的需求又與當時統治者希望以檢查制度控制對政局不利的出版品的意圖不謀而合，使得書商的獨占利益與政府的統

治目的相結合。

　　以保護著作權爲藉口以箝制言論，並非始於今日。從世界上第一部著作權成文法──英國安娜女王法案的制定過程觀察，可以發現著作權制度的起源是希望消滅言論（出版）檢查制度的。如果今天爲了「保護著作權」、「打擊盜版」，而採取檢查、封鎖制度，應該是嚴重悖離了著作權制度的最初精神。

黃色小鴨有無著作權？

 案例

　　2013年霍夫曼創作的巨大「黃色小鴨」在台灣掀起熱潮，結束了在高雄及桃園展出後，緊接著在基隆展出，因有相關產品販售是否得到霍夫曼的授權而引發爭議，前承辦人范先生並聲稱黃色小鴨是全人類財產，販售產品並無需霍夫曼同意，各界議論紛紛。

 解析

霍夫曼在各地展出的巨型黃色小鴨有沒有著作權？

　　依照媒體的報導，「霍夫曼設計讓黃色小鴨變大，漂流在各城市，靈感來源來自於1992年，一艘載滿黃色小鴨填充玩具貨輪，要由中國越過太平洋運往美國，但遇到暴風雨，貨輪翻覆，黃色小鴨歷經十五年時間，漂流到美國東岸及英國，霍夫曼想要把小鴨堅忍不拔精神傳遞出去，同時

療癒人心，帶給大家歡樂。」（關於黃色小鴨的故事可參考：http://116.213.200.195:82/gate/big5/www.kaiwind.com/whsy/201306/17/t20130617_926684.htm）

如果這段報導無誤，霍夫曼只是把早已存在而且不是他自己創作的浴缸玩具黃色小鴨「放大」，那隻被放大的黃色小鴨並非霍夫曼原創，基於著作權法原創性理論，霍夫曼不會取得黃色小鴨的著作權。但是，「把黃色小鴨放大，並放到河流、埤塘、湖泊或海洋等大自然環境中」，作者以這樣的表達方式，呈現出來特別視覺效果，不討論其品味或美感，確實可以放在公共藝術或裝置藝術的領域討論，就這個表現方式（把大型黃色小鴨擺在大海）而言，也許可接受其享有著作權。

不過，還是要再強調一次，就算認為霍夫曼將大型黃色小鴨擺在大海這樣的表達方式享有著作權，不當然表示霍夫曼對那隻黃色小鴨享有著作權。

霍夫曼除了將巨大「黃色小鴨」以公共藝術方式展出外，另外也授權了他自己生產製造的黃色小鴨公仔（玩具），稱之為「黃色小鴨荷蘭官方版」，我們姑且不談所謂「官方版」這個用語實在好笑跟荒謬，如果依照前面的說明，霍夫曼並未對黃色小鴨享有著作權，則其他人想要另外銷售「非官方版」小鴨，不會有侵害霍夫曼著作權的問題。

筆者未能瞭解霍夫曼跟主辦單位的簽約內容，但依常情判斷，授權金應該包括巨大「黃色小鴨」以公共藝術方式展出及同意銷售「黃色小鴨荷蘭官方版」，也許會約定禁止主辦單位銷售其他黃色小鴨產品，但這也說不定。總之，主辦單位跟霍夫曼間的法律關係，就是看雙方的契約如何規範，與智慧財產權沒多大關係。

在周遭賣黃色小鴨商品的爭議

如果同意以上的論點（霍夫曼對黃色小鴨無著作權可言），則霍夫曼要以「侵害創意」或「侵害智慧財產權」為理由來禁止他人販賣黃色小鴨，是很牽強的。

不過，在基隆發生的爭議，筆者認為有公平交易法第24條「事業亦不得為其他足以影響交易秩序之欺罔或顯失公平之行為。」討論的空間，簡單地說，在基隆港黃色小鴨展出期間，有沒有「搭便車行為」，即攀附他事業商譽，並利用他事業努力成果，以推展自身產品，為足以影響交易秩序之顯失公平行為。如果霍夫曼真的要追究他認為創意被抄襲這件事，可能從這個觀點下手，比較有道理。但是，要藝術家霍夫曼自己承認將大型黃色小鴨擺在大海其實是商業行為，他辛苦建立起來的是「商譽」，恐怕並不容易。

黃色小鴨在台灣早已註冊商標權了

台灣廠商在2009年就申請黃色小鴨商標了，2010年取得商標權，且指定在玩具類等商品，不過令人好奇的是，這家商標權廠商會不會對市面上銷售黃色小鴨類玩具的廠商採取什麼動作？

花大錢購買雕塑品後可任意利用？

 案例

台中市聚合發建設公司以2,000多萬元購買雕塑家朱銘太極系列「轉身蹬腳」作品，將其製成圖片登在建案廣告網

頁，台中地檢署於2013年6月18日依違反著作權法將建設公司、陳姓負責人及祁姓總經理起訴。

　　起訴書指出，聚合發建設公司陳姓負責人、祁姓董事兼總經理為宣傳建案，2007年5月底，以2,150萬元購得朱銘「轉身蹬腳」雕塑品，再委託行銷公司重製「轉身蹬腳」雕塑品圖片，刊登在建案廣告網頁，供不特定人瀏覽。

　　廣告行銷公司並以攝影方式，重製朱銘創作的「十字手」等另四座太極系列雕塑品，將照片置入建案廣告影片，製成DVD光碟片散布。

　　廣告行銷公司又以攝影方式，重製「轉身蹬腳」雕塑作品的照片，與其他的廣告圖片合成為廣告文宣。之後刊登於商業周刊、財訊雙週刊、DYNASTY華航雜誌及長榮航空VERVE雜誌等媒體，以宣傳建案，侵害朱銘的著作財產權，朱銘得知後委由律師提告。

　　聚合發建設公司隨即發表聲明指出，公司總經理購買朱銘「轉身蹬腳」雕塑品，因誤解著作權法規定，誤用雕塑品照片，與朱銘溝通、解釋後，朱銘未再追究；後因公司委託代銷建案的廣告公司未察，又再誤用朱銘著作的雕塑品照片，公司將持續與朱銘溝通，化解誤會。

取得物權並不表示取得著作權

　　私有財產制之主要意義在於維護個人之自由與尊嚴，除有維持社會秩序功能外，亦能促進對有效資源的有效率運用。將著作權及其他智慧財產權以「準物權的性質」來認識，就其強

烈的排他作用而言，似乎並無不妥，但二者性質仍有不同。

物權的排他效力是由物權的直接支配性而來，即物權人得依自己之意思，無須他人之意思或行為之介入，對標的物即得為管領處分，實現其權利內容，所強調者為對標的物的現實支配及使用收益，物權法以賦予權利人直接支配權，強調對物的充分且有效率的利用，較無疑問，因為物權的客體（標的）是在實體世界可以感知、實際占有的。

然而知識商品的價值，不在於有形的機器、書籍等有形的「載體」，而在於其精神成果，換言之，智慧財產權不像客觀有體物有所謂占有與直接支配的觀念，且不會有一般有體物的滅失造成物權消滅的情形。若著作權也如同傳統物權般強調「直接支配性」，則著作權所「支配」者顯然不易掌握，例如：取得「著作物所有權」與取得「著作權」是屬二事，非著作權人即使擁有著作的原件亦不當然得複製該著作。

新聞中的建設公司花了大錢購買雕塑品，取得了該雕塑品的「物權」，如果有人偷了搶了該雕塑品，或是借了不還，建設公司可以本於所有權的作用，請求返還該雕塑品（民法第767條）；如果有人將該雕塑品毀壞（請留意，是侵害物權，而不是侵害著作權），建設公司可以請求損害賠償（民法第184條）。這裡討論的都是建設公司基於享有該雕塑品的「物權」所發生的請求權，跟著作權沒有關係。

著作權制度是為了將著作引入市場機制所建立，著作權內容則以著作的使用方法去界定權利，即著作權是對著作的特定用途的控制權。目前我國著作權法僅給予控制十種用途的著作財產權：(一)重製權；(二)改作權；(三)公開口述權；(四)公開播送權；(五)公開上映權；(六)公開演出權；(七)公開展示

權；(八)公開傳輸權；(九)散布權；(十)出租權；其他不屬於法定權利範圍的用途，屬社會大眾所有，著作權人無法禁止。且前開權利所重視的是排他權，而非傳統物權的積極使用、收益、處分權。

取得「著作物」的物權，不表示取得「著作權」。簡單舉例說明，我在書店買了一本書，我取得了該書本（著作物）的「物權」，我可以送給朋友、可以賣給二手書店，甚至我可以把該書扔了、燒了，這些都是我基於對「書本」的「所有權」可以的作為。但是我買了書之後，在沒有得到著作權人（通常是作者，有時是出版社）的同意前，我不可以將之再影印一本送人，這會侵害著作權人的「重製權」；我也不可以在公開場所朗誦，這會侵害著作權人的「公開口述權」。

看到這裡應該很清楚，新聞中的建設公司購買了雕塑品，儘管建設公司自認花了大錢，但是如果建設公司在購買雕塑品的「物權」的同時，並沒有跟著作權人約定轉讓或是授權該雕塑的「著作權」，建設公司就不可以行使上開著作權法規定的著作財產權。

雕塑品的重製

傳統著作權之標的依其表達媒體可以分為三大類：

1. 文字、文學著作（製作著作物供讀者閱讀）。
2. 聲音或肢體動作：音樂、戲劇、舞蹈、電影（現場表演或演奏或以廣播或電視播送供觀眾或聽眾聆聽、觀看）。
3. 圖畫、美術雕刻（以原件展示方法供人觀賞）。

　　重製權可說是著作財產權中最重要的權利作用。從印刷術、廣播電視、電腦等各項科技的發展與演進，著作權利用控制重製權作為立法的重要核心。所有的著作類型均有重製權。

　　著作權法第22條第1項即規定「著作人除本法另有規定外，專有重製其著作之權利。」在此要再提醒，「專有重製其著作之權利」重點仍然是排他權，也就是說「未經著作權人同意，不得重製」之意。

　　而依著作權法第3條第1項第5款的規定，著作權的重製是指「指以印刷、複印、錄音、錄影、攝影、筆錄或其他方法直接、間接、永久或暫時之重複製作。於劇本、音樂著作或其他類似著作演出或播送時予以錄音或錄影；或依建築設計圖或建築模型建造建築物者，亦屬之。」依照這個定義，將雕塑品另外複刻一件或數件雕塑品是重製，將雕塑品縮小做成鑰匙圈也是重製，甚至對該雕塑品拍照、繪製或攝影，也是重製。

　　當然，對該雕塑品拍照、繪製或攝影，實際上是將立體的雕塑品轉換為平面形式，依照常情，一般大眾所重視的是對於該雕塑真跡的觀賞，不太可能因為雕塑品的「攝影冊」或「影片」，會減損展示該雕塑真跡的市場價值，是不是要將此種利用也視為重製，或許有討論的空間，但現行法顯然願意給予著作權人較大的市場利用權利，我們應該注意這樣的立法價值取向。

　　新聞案例中，建設公司將雕塑品拍攝照片、攝影，均屬重製範圍，如未得著作權人同意，會先被認定侵害重製權。如果將圖片、影片上網供不特定人瀏覽，同時侵害公開傳輸權。

合理使用

合理使用條款是著作權制度就公益原則所發展的重要表現，其適用的精神涵蓋文化發展、經濟因素、市場競爭，甚至與憲法中的人權保障均有關聯。

著作權法是以保護作者的著作權出發，所規範的都是著作權的內容，而合理使用是對該內容的限制，當然也是阻卻違法的要件。只要成立了合理使用，使用者的使用行為就不會被認定是侵權，相對而言，作者的著作權受到了限制，而使用者的使用得到了相當程度的保障。

從著作權法的政策目的來看，法規賦予著作人一定的財產上專屬權，並不是因為那些權利是「天賦人權」，而是因為法律希望藉著給予著作人獎勵，使社會上的著作質量增加，促進國家文化發展，從此可理解，著作權人僅享有著作權法上所規範的權利，至於著作權法未規範者，均屬社會大眾所共享。

從著作權法的最終目的（促進文化發展）觀察，如果著作權人的權利受到了法定限制（如：合理使用條款），應該可以理解為立法者將該被限制部分交給了社會大眾享用，即剝奪著作人權而賦予使用者權，因此合理使用可以被認為是著作權法建構使用者權的依據。

我國著作權法自第44條至第63條規定了著作權限制條款，即符合該等要件就不認為是侵權，再於第65條第1項規定合理使用不構成著作財產權侵害的概括條款，以擴大合理使用之範圍。

著作權法第58條規定於街道、公園、建築物之外壁或其他向公眾開放之戶外場所長期展示之美術著作或建築著作，除

下列情形外，得以任何方法利用之：一、以建築方式重製建築物；二、以雕塑方式重製雕塑物；三、為於本條規定之場所長期展示目的所為之重製；四、專門以販賣美術著作重製物為目的所為之重製。

　　新聞案例中的建設公司如將其所購買來雕塑品作為公共藝術，放置在向公眾開放之戶外場所長期展示，則其拍攝照片、攝影，雖均屬重製範圍，但其重製方式顯然並非著作權法第58條4款除外條款所規範類型，應可認為屬於合理使用，不構成侵權。

結論

　　依照新聞案例可以知道：

1. 建設公司以2,150萬元購得朱銘「轉身蹬腳」雕塑品，並委託行銷公司拍照、攝影，又放置於網站，作為廣告文宣。
2. 建設公司所委託再委託行銷公司廣告行銷公司並以攝影方式，重製朱銘創作的「十字手」等另四座太極系列雕塑品，將照片置入建案廣告影片，製成DVD光碟片散布。

　　就第1點而言，建設公司以2,150萬元購得朱銘「轉身蹬腳」雕塑品，並委託行銷公司拍照、攝影，又放置於網站，作為廣告文宣。筆者認為，此項行為雖屬於著作權法的重製，但是可依照著作權法第58條主張屬於合理使用而免責。

　　但是就第2點而言，如果朱銘創作的「十字手」等另四座

太極系列雕塑品，並不在建設公司購買擺設於公共開放空間的範圍內，則將之拍照、攝影，就侵害著作財產權中的重製權了。

　　從這個案例還可以反省幾件事。建設公司花這麼大的錢買公共藝術品，精神可嘉，但是不知道其購買藝術品合約是否給法務部門或是律師審閱過？竟然沒有考慮到雕塑作品的「物權」及「著作權」的區別，眞可說是奇聞了。行銷公司製作廣告文宣、廣告影片，竟然對著作權毫無概念，他們可能以爲「既然建設公司買了朱銘大師的雕塑，應該就可以無限制地利用朱大師的所有作品」，建設公司驗收文宣成果時，也未發現，都是極大的錯誤。

公開發表權與引用他人著作

 案例

　　2007年作家吳淡如出版《那些EMBA教我的事》一書，2007年11月7日歌手黃舒駿指吳淡如未經同意，將他創作的「台大EMBA症候群」歌詞收錄在書中。黃舒駿表示：「這首歌未曾公開發表過，只有年初在母校台大EMBA畢業典禮發表過，明年計畫推出二十年精選，這首是重要歌曲，她把我的出版計畫都打亂了。」吳淡如則歉疚地說抱歉：「應該是聯絡上的疏失。」吳淡如在新書記者會上，播放黃舒駿的創作歌曲「台大EMBA症候群」，並請時報出版的總經理莫昭平告知，黃舒駿說：「這部分莫學姊有告訴我，當時心想，既然在學校教室辦記者會，所以OK。但她沒有告訴我

要在書中放我的歌，幾乎是全部的歌詞都放上去了。比較困擾的是，本來這首歌是明年要推出二十週年精選輯，這首歌算是我滿重要的作品。」

著作權的公開發表權

　　著作權的內容可分為著作人格權與著作財產權。著作財產權主要是讓作者能對著作的各種市場用途有一定的獨占權，獲取經濟利益；著作人格權則是側重保護作者藉由著作表現出來的人格完整性，具有專屬性，屬於著作人，不得讓與或繼承，就算是著作權讓與他人，作者仍然保有著作人格權，而且著作人格權不像著作財產權有期間的限制，換言之，著作人格權不因著作人死亡而消滅，任何人不得侵害。

　　著作人格權有三種：公開發表權、姓名表示權以及同一性保持權。

　　公開發表權是指，作者完成著作後，有決定公開發表其著作與否之權利，任何人不得違反作者之意思公開發表作者未發表的著作。不論發表該著作是否會對作者帶來任何利益，作者應該都有決定是否將著作公開發表及如何公開發表的權利。

　　不過，有下列情形之一者，推定著作人同意公開發表其著作：

　　一、著作人將其尚未公開發表著作之著作財產權讓與他人或授權他人利用時，因著作財產權之行使或利用而公開發表者。

　　二、著作人將其尚未公開發表之美術著作或攝影著作之著

作原件或其重製物讓與他人，受讓人以其著作原件或其重製物公開展示者。

三、依學位授予法撰寫之碩士、博士論文，著作人已取得學位者。

新聞事件中，黃舒駿的說法是，他明年要推出二十週年精選輯，他為台大所作的詞曲「EMBA症候群」，是專輯中滿重要的作品，他認為吳淡如新書中的引用摘錄，將打亂他的出片、出書計畫。

如果黃舒駿從未將他的「EMBA症候群」公開發表過，又未將該歌詞著作權讓與或授權與他人，則吳淡如在新書的引用，確實有可能侵害黃舒駿的著作人格權中的「公開發表權」；不過，我們從新聞報導中也發現，黃舒駿表示「這首歌只有年初在母校台大EMBA畢業典禮發表過。」換句話說，這首歌已經公開發表過了，現在恐怕不能再主張其公開發表權受侵害了。

引用他人著作

吳淡如在新書中摘錄引用黃舒駿所創作的「EMBA症候群」，如果確認了黃舒駿的創作具原創性，受著作權保護，則吳淡如的行為在著作權法上會先被評價為侵害黃舒駿的「重製權」，再檢視有無權利限制條款或合理使用條款的適用而免責。

在這件新聞敘述中，可能適用的免責條款是，著作權法第52條，任何人就已公開發表之著作，為報導、評論、教學、研究或其他正當目的之必要，在合理範圍內得以引用及散布，

但利用時應明示其出處，且仍應審酌著作權法第65條第2項合理使用的四項標準：即：一、利用之目的及性質，包括係為商業目的或非營利教育目的；二、著作之性質；三、所利用之質量及其在整個著作所占之比例；四、利用結果對著作潛在市場與現在價值之影響。

吳淡如的新書引用黃舒駿的創作，有註明是節錄黃舒駿作品，並未掠人之美，如果引用的方式與程度符合合理使用的標準，即便未事先告知黃舒駿，也不會有侵權的問題。著作權法中所規定的合理使用，考量其他創作者或經濟性利用者，在利用著作時，儘量減少交易成本，促使創作更為多元。著作權法至多要求利用時應明示其出處，既不需事前得到作者同意，也不需要事先知會作者。

新聞事件中，黃舒駿感到不舒服的地方是，他的歌詞在吳淡如新書中洋洋灑灑印了兩全頁，中間只以兩行字簡單區隔，而黃舒駿本人在明年發行20週年精選輯，也要出書，吳淡如對他創作歌詞的使用，顯然已經是一種嚴重的「競爭使用」了，只不過吳淡如大概沒想到黃舒駿那麼久沒出片了，竟然計畫最近要出片、出書。

既然，吳淡如的利用並非單純個人使用，而是一種競爭利用，就必須考量上面所說的合理使用的四項基準，根據個案進行綜合判斷，在此新聞事件中，可能較有爭議或可以近一步思考的是：歌詞著作本就篇幅不大，全部引用是否妥當？吳淡如的著作與黃舒駿可能的著作間市場競爭關係如何？這樣的引用會減損黃舒駿未來出片或出書的經濟價值嗎？

近一步思考

　　這一次吳淡如出新書，沒事先知會，就引用黃舒駿的歌詞，讓黃舒駿覺得有點受傷。不過我倒是回想起，黃舒駿在1989年3月入伍前，發行了個人音樂專輯「雁渡寒潭」，其中有一首「戀愛症候群」，在當時也引發了著作權爭議，有人質疑黃舒駿是否抄襲日本歌手佐田雅志在1985年發行的單曲「戀愛症候群」，現在拜網路之賜，我們大概都還能透過網路取找到這兩首歌，比較一下。

　　黃舒駿在出道二十年時，碰到了兩件有趣的著作權爭議（也許他並不覺得有趣），剛好角色、立場不同，或許可以讓我們可以對「競爭使用」這個問題有更深一層的思考。

銅像的碎解與重生

 案例

　　高雄市政府於2007年3月13日將「中正文化中心」更名為「高雄市文化中心」，並連夜拆掉全台最大、位於文化中心大廳內的蔣介石銅像，該銅像被「肢解」後，連夜運往桃園縣大溪鎮公所，當時完整的銅像已經被大卸100多塊，若加上近1公斤的碎片，加起來大概超過200多塊。經過桃園縣文化局及大溪鎮公所委託藝術家郭少宗進行規劃，林昭慶執行重組，在有限的經費預算下，於2008年3月間以〈傷痕・再生〉之名重現於大溪慈湖兩蔣文化園區。

析

著作權法與民法

　　著作權法的性質重在規範私人創作權益的歸屬與行使，故學者間多認為著作權法為私法的特別法。民法第757條規定「物權除依法律或習慣外，不得創設。」其於1929年的立法理由說明：「……又民法為普通私法，故其他特別物權，如漁業權、著作權、專用權等，及附屬其他物權之債權，應以其他法律規定之。」我國立法者已將著作權法視為民法的特別法。所以，我們也可以將著作權法視為著作人如何支配其著作資源的法規範。

　　著作權不是對於書籍、音樂唱片、雕像等本身這個「物」的直接支配，而是強調排除他人對著作的不當使用，民法上權利的定位為準物權。

　　民法上物權的排他效力是由物權的直接支配性而來，即物權人得依自己之意思，無須他人之意思或行為之介入，對標的物即得為管領處分，實現其權利內容，所強調者為對標的物的現實支配及使用收益，物權法以賦予權利人直接支配權，強調對物的充分且有效率的利用，較無疑問，因為物權的客體（標的）是在實體世界可以感知、實際占有的。

　　然而著作（知識商品）的價值，不在於書籍、音樂唱片、雕像等本身有形的「載體」，而在於其精神成果，換言之，著作不像客觀有體物有所謂占有與直接支配的觀念，而且不會有一般有體物的滅失，造成物權消滅的情形。若著作權也如同傳統物權般強調「直接支配性」，則著作權所「支配」者顯然不易掌握，例如：取得「著作物所有權」與取得「著作權」是

屬二事，非著作權人即使擁有著作的原件亦不當然得複製該著作。

著作權與物權請求權

　　著作權與物權的觀念在本質上並不相同，例如我到書店買了一本書，我拿到書後，這本書的「所有權」屬於我，但是我並不會因為賣賣關係取得著作權，如果我任意影印給別人使用，我也許會侵害著作財產權中的重製權；但是，如果我的書被友人借走給燒了，該有人侵害我對書籍的物權，並不會侵害著作權。

　　如果我在畫廊買了一幅畫，這幅畫的物之所有權歸屬於我，但是我不可以把畫作的作者改為我自己，否則即侵害著作人格權中的姓名表示權；我也不可以任意將畫作複製成明信片、月曆，否則將侵害著作財產權中的重製權。

　　美術著作或攝影著作的市場利用方式，很重要的一部分是將原件公開展示，就像我們寧願買門票去美術館現場看藝術品原件。著作權法也因而於第27條規定「著作人專有公開展示其未發行之美術著作或攝影著作之權利」。為了市場上收藏美術著作後，所有權與著作權的衝突，著作權法也於第57條規定「美術著作或攝影著作原件或合法重製物之所有人或經其同意之人，得公開展示該著作原件或合法重製物。前項公開展示之人，為向參觀人解說著作，得於說明書內重製該著作。」我們也可以從這個條文再次地觀察物權與著作權的不同。

　　如果作者寫了一本書，原稿在還沒有交給書商前就被偷走了，作者可以對竊取者主張著作原稿的原物返還請求權，這是物權效力討論的範圍，不是著作權效力的問題。因為就著作

而言，對著作的「占有」不能表現為對實物的物理控制，而是對創作成果的「專用」，在權利救濟手段上，不可能適用「返還原物」的救濟方法。

雕像的毀壞──侵害著作權？

對於雕像的毀壞，其實不是侵害著作權的問題，而是侵害物權的問題。當然銅像所有權本來就屬於高雄市政府，銅像變成碎片後，就是碎片所有權歸屬的問題。

就上開新聞事件中，另外衍生出來的問題是，如果桃園縣政府就已被「肢解」的銅像碎片重新組裝起來，甚或依據後現代解構主義精神重新利用碎片再為創作，會不會有侵害著作權的問題？

侵害著作人格權的救濟方法

著作財產權是基於作品獲得經濟利益的權利，著作人格權則是針對作者與其作品間所存在的人格與精神聯繫提供保護。

依我國著作權法規定，著作人格權具有專屬性，屬於著作人，不得讓與或繼承，就算是著作財產權讓與他人，作者仍然保有著作人格權，而且著作人格權不像著作財產權有期間的限制，著作人格權不因著作人死亡而消滅，任何人不得侵害。著作人格權有三種：公開發表權、姓名表示權以及同一性保持權。

我國著作權法第93條第1款規定，侵害著作人格權者最高可處二年以下有期徒刑；第85條也規定，侵害著作人格權者，負損害賠償責任，雖非財產上之損害，被害人亦得請求賠償相當之金額。被害人並得請求表示著作人之姓名或名稱、更

正內容或為其他回復名譽之適當處分。

　　理論上有疑問的是，著作權法一方面在第18條規定，著作人死亡或消滅者，關於其著作人格權之保護，視同生存或存續，任何人不得侵害；另一方面又在第21條明定著作人格權專屬於著作人本身，不得讓與或繼承。那麼，著作人過世後，著作人格權受侵害該如何救濟？

　　為了解決死者無人格權的理論困難，著作權法第86條另規定，著作人死亡後，除其遺囑另有指定外，下列之人，依順序對於侵害著作人格權之人得請求相關民事救濟：1.配偶；2.子女；3.父母；4.孫子女；5.兄弟姊妹；6.祖父母。

原創作者對毀損銅像者可否主張權利？

　　上面所說著作人格權中的完整性或同一性保持權，又稱為禁止不當修改權。規定在著作權法第17條「著作人享有禁止他人以歪曲、割裂、竄改或其他方法改變其著作之內容、形式或名目致損害其名譽之權利」。

　　一般說來，如果作者完成作品後，出版者或展示者將文字作品斷章取義呈現、將繪畫作品更改顏色、都算是侵害同一性保持權。如果原來放置在高雄市的銅像完好如初，但是把銅像改裝，例如：加一頂帽子、穿一件裙子、加個鐵籠，都有可能會侵害著作人格權中的同一性保持權，必須得到原著作人的同意；另也會侵害原著作財產權中的改作權（著作權法第28條），必須得到著作權人的同意。

　　未經原作者同意就把銅像拆除、肢解，算不算是違反著作權法第17條的規定？有沒有侵害作者的同一性保持權，國內有學者認為拆解銅像依我國法律沒有侵害著作人格權的問題。

不過，筆者認為這點容有討論空間。

如果參考美國著作權法第106A(a)(3)(B)條，作者有權阻止他人對自己作品進行有害聲譽的歪曲、竄改或修改，而故意或過失毀損公開展示的藝術作品，屬於侵害作品完整權的行為；另美國著作權法第113條則對於建築物所有人移除藝術品時應為的通知程序等做出規定。如果認為高雄市政府是搬遷、移置銅像，我國著作權法確實沒有如同美國著作權法第113條的通知要求，但是就整體事件的進行觀察，高雄市政府在沒有事先搬遷規劃、沒有藝術家參與的情形，任由毫無搬遷銅像經驗的工人連夜切割、拆卸銅像，原本銅像被切割成將近200塊，也沒有編號或記錄，實在看不出來是搬遷、移置銅像，反而比較像是在故意毀損公開展示的藝術作品。

蔣介石銅像是高雄市政府的財產，高雄市政府將之切割、分解，固然不會有侵害物權或財產權的問題，但是切割、分解銅像的動作，卻有可能使得原來作者就其作品所展現其人格精神受到破壞，在法律的適用與解釋上，就「以歪曲、割裂、竄改或其他方法改變其著作之內容、形式或名目」的要件檢討，應當包括故意或過失毀壞藝術作品。因為著作是作者人格的延伸或人格的表現，藝術家就其藝術作品所展現的人格特質或精神表現，顯然因為作品被毀壞而就此中斷。

重組或修復雕像有無侵害著作人格權？

將已拆解銅像再予重組，必須注意有無侵害禁止不當修改權的問題。不過就本件桃園縣政府及大溪鎮公所的重建過程來看，還有一些值得思考的方向。

蔣介石銅像被拆成200多片，早已失去原來銅像的完整

性，如果桃園縣政府用盡心力將之「回復原狀」，筆者認為此種藝術作品的修復行為，如未變更作品原來的風貌，則不會有侵害同一性保持權的問題。

問題是，被拆成200多片的銅像，在有限的經費，不太可能完全回復銅像原貌，在時代意義上，將已遭胡亂切割的銅像回復原貌，是否妥當，也值得深思。如果桃園縣政府或大溪鎮公所不重塑銅像，而是利用銅像碎片來製作新的藝術品，則將只是銅像碎片的所有權人是否同意處分的問題，也不會侵害原雕像作者的著作人格權。

本案中，桃園縣文化局及大溪鎮公所委託藝術家郭少宗進行規劃，林昭慶執行重組，在有限的預算下，於2008年3月間以〈傷痕‧再生〉之名重現於大溪慈湖兩蔣文化園區。媒體報導由於切割破碎，難以簡易修補，郭、林二位強調是以後現代解構主義，增添部分結構，並去除毀損嚴重部分的做法，最終呈現的狀況是保留原先的頭、胸、右手臂、左手臂及兩隻鞋子，僅局部磨光修飾，撐立於架空的座椅與重組的軀體上，讓銅像虛位重現。從文字的記述上來看，重組後的銅像似乎離開原來的創作精神甚遠。不過，就實際完成品而言，客觀上其實並未「以歪曲、割裂、竄改或其他方法改變其著作之內容、形式或名目」，尤其在難以用有限的資源完全回復原狀的環境，重建的成果不但不致破壞作者透過作品的人格表現或損害原作者的名譽，反而使原作者的創作精神，更有豐富的歷史感。

本案就客觀上來看，由於銅像肢解過於破碎，現今實際重造時，僅利用15塊原始碎片，兼顧原來創作精神，並保留歷史紀錄，不論我們認為銅像是藝術品還是政治工具，不論我們喜歡或是痛恨舊時代領導者，銅像曾經被修建、被切割、被重

建，這段歷史過程就是藝術創作生命的一部分。就現今完成品來看，我們可以看到原來創作者所呈現的創作精神，也可想像原來的銅像有多巨大，同時回憶銅像在極短時間內被肢解後社會各方的對立反應，筆者並非藝術行家，但這件作品綜合了政治、藝術、歷史等各種複雜情緒，相信不同的人會有不同的體悟。另值得一提的是，這座銅像的放置地點，就在桃園縣大溪鎮慈湖旁邊的蔣介石紀念公園，內部放置了來自全台的蔣介石銅像，有一百多座，除了有立姿、坐姿及各種不同的面容，還有著軍服、馬褂等不同的服裝造型，非常有趣，這座公園把封建時代的謁靈活動，帶入了一個新的觀光境界。

故宮文物也有著作權？

 案例

依2012年5月19日聯合報報導，兩家民間公司未經故宮博物院授權，以故宮典藏的「清明上河圖」、「富春山居圖」圖像製作應用程式，在蘋果APP Store供人下載。故宮要求相關公司限期下架或回文澄清，否則將採取必要法律行動。

故宮強調，該院除了自製的「故宮魅力遊」APP應用程式，並未授權任何廠商製作APP應用程式。水滴蝸牛（DripSnail）公司未經故宮授權，使用故宮典藏的「清明上河圖」開發APP應用程式「源遠流長的清明上河圖」供人下載；Smartkids Media公司也使用故宮藏品元黃公望「富春山居圖」開發同名APP應用程式供人下載。這兩家公司未

經授權，擅自利用故宮圖像開發APP應用程式已嚴重侵害故
宮權利。故宮要求水滴蝸牛公司、Smartkids Media公司，
以及美商蘋果亞洲公司在5月22日以前下架或回文澄清，否
則故宮將採取必要法律行動。

著作權中公共利益的保護

　　在研究著作權理論時，常會見到所謂「公共財」、「公共
財富」、「公共所有」或「公共領域」的敘述，如：

1. 著作財產權設有存續期間之規定，俾使逾保護期間之著
   作能變成公共所有。
2. 著作人之著作財產權，宜有一定之保護期間，逾此保障
   期間，即屬公共財產，原則任何人均得自由利用。
3. 著作財產權一旦消滅，其著作即成為公共財。
4. 對任何作品的支配權都不應當被永久獨占。在實現了對
   作者創作勞動成果的合理回報和對創造性勞動的有效鼓
   勵之後，對作品的支配與利用應當轉化為權社會共享的
   公共財富。

　　公共領域對社會大眾而言，除了意味著使用免費外，更重
要的涵義是使資源保持自由，缺乏對資源的自由控制就有可能
使創作削弱；以往討論對資源的控制是由政府控制還是市場控
制為妥，但現今智慧財產權上被重視的是，資源應不應當被控
制──無論這控制來自於政府或市場。

　　在一個人民有權塑造自己未來的社會，確立公眾能獲得公共理念的優先性，比科技發展的速度或是知識資產所能賺取的利益來得重要。

　　公共利益的用語甚為廣泛，可認為是個人利益的總合，如果認為著作權市場的參與者有作者、企業（出版商）及讀者，而著作權法中所提正面保護的權益幾乎都是針對作者或企業，則公共利益得視為是對於使用者利益的保護。

　　從著作權制度的設計理念而言，其公共利益的觀察，就短期而言，可認為著作權法鼓勵創作，促進學習，有利於當代知識的累積；就長期而言，公共領域內的知識及理念得以累積，則國家文化進步的政策目標發展亦得以實現。

　　著作權法是以保護作者權為中心，在經濟上的現實面，作者權通常與書商企業的利益結合，而自世界上第一部著作權的成文法——英國安妮女王法案制定後，除了正面保護作者權益外，防止獨占與公共領域的保護幾乎成為世界各國著作權法的重要政策，在法律的立法技術上，著作權法對於公共利益的保護，多以限制著作權的面向出現。

　　著作權法中的權利限制條款，基本上可以視為著作權法中公益保護原則的表現，在理解著作權保護的真正內涵時，對於著作權的限制與著作權保護的內容，實應等同重視。

著作權期間限制的理由

　　著作權與一般民事物權有個重要的區分：著作權有期間限制。甚至學者認為著作財產權權利存續期間的限制，是法律為了保護社會公益，對著作權制度做出最具重要意義的限制。

　　著作財產權期間的法律性質，接近民法上除斥期間的概

念，因該期間沒有中斷或不完成的問題，且著作權期間完成後，不待當事人之主張，即自動發生權利消滅的效果。

　　為何智慧財產權有期間的限制？一般經濟學理論對此大多有二項理由：一是減少獨占成本，一是降低追溯成本（tracing cost）。這兩個理由在專利領域均占重要地位，這可以從專利權期間比著作權與商標權期間為短觀察出來，專利權一般被認為比著作權與商標權有較大的潛在利益，且時間經過愈久的技術被普遍運用於各種產品，受專利權保護的發明愈難追溯，因為該發明可能已被龐大數量的產品所具體實現，而其技術因普遍化而難認定新發明是否使用該技術。

　　商標權因須與商品連結使用，而該商品又須在市場銷售，是以對商標無使用，權利自然消滅，有使用即存有權利，其商標權期間可無限延長，這反映著鼓勵競爭的立法政策。

　　著作權法中則較為強調上開第二個理由──降低追溯成本。著作權有兩個主要的追溯成本的問題：(1)追溯著作權人的繼承人很困難，尤其是繼承人很多或是經過了許多代；(2)書籍也許不再印行了，較古老的著作不易發現。當有人想利用著作權前，他必須先尋找著作權人（也許是著作人的繼承人，也許是權利受讓人），然後須與之協商並得其同意，才能如願，但當該著作權期間已久遠而致著作權消滅時，即不須再耗費成本追溯著作權人了，所以限制著作權期間的理由在於解決追溯成本的問題。

　　另一項與追溯成本有關，也常被提起的經濟上理由是：著作權期間愈長，則公共領域內的著作數量愈少，因而著作人利用其他著作的機會減少，使創作成本增加，致著作的供給減少，價格變高，對整體社會的讀者利益不利，所以必須對於著

作權保護期間給予限制。

　　或許有人會質疑，若著作權有期間限制，以減少追溯成本，符合經濟效率，則對於其他財產權（如：土地）的權利存續是否也應設有期間的限制？答案是否定的，因為類似土地的財產權，權利人可以在生前將之出售或贈與，若對於這種轉讓的利益設有期間的限制，也會因權利人可再將該利益再轉讓交換而顯得多餘，也就是說，期間限制不但無法減少追溯成本，反而增加更多的行政管理成本。然而，著作因具有經濟學上公共財性質，並非如土地般可占有而排除他人支配，反而著作一經公開，他人極容易不花成本地利用，今給予著作人獨占的權利，但對其權利設有期間的限制，期間屆滿後，他人仍得以不大的成本利用（只要找得到著作的內容），故於執行技術上並無太大困難。

我國著作權法關於期間的規定

　　著作權財產權不是永久恆存的權利，而有一定期間的限制，著作權期間屆滿後，著作歸於公共領域，社會大眾均得利用，著作權人不再享有該等特定市場用途的獨占權。著作權法第42條前段「著作財產權因存續期間屆滿而消滅。」第43條「著作財產權消滅之著作，除本法另有規定外，任何人均得自由利用。」總之，著作財產權一旦消滅，其著作即成為公共財或公共領域的範圍。

　　現行著作權法關於著作財產權存續期間的規定，簡要說明如次：

1. 自然人為著作人之著作財產權存續於著作人之生存期間及其死亡後五十年（第30條第1項）。而為了鼓勵將著作公開發表，若著作於著作人死亡後四十年至五十年間首次公開發表者，著作財產權之期間，自公開發表時起存續十年。（第30條第2項）

2. 共同著作之著作財產權存續至最後死亡之著作人死亡後五十年。（第31條）

3. 別名著作（若該著作人之別名為眾所周知者則除外，即仍適用第30條）或不具名著作之著作財產權，存續至著作公開發表後五十年。但可證明其著作人死亡已逾五十年者，其著作財產權消滅。（第32條）

4. 法人為著作人之著作或攝影、視聽、錄音、電腦程式及表演著作，其著作財產權存續至其著作公開發表後五十年。但著作在創作完成時起算五十年內未公開發表者，其著作財產權存續至創作完成時起五十年。（第33條、第34條）

5. 著作權保護期間之起算點為著作完成時；終期之計算，則以期間屆滿當年之末日為期間之終止。（第13條、第35條第1項）

6. 繼續或逐次公開發表之著作，依公開發表日計算著作財產權存續期間時，如各次公開發表能獨立成一著作者，著作財產存續期間自個別公開發表日起算。如各次公開發表不能獨立成一著作者，已能獨立成一著作時之公開發表日起算。而此情形如繼續部分未於前次公開發表日後三年內公開發表者，其著作財產權存續期間自前次公開發表日起算。（第35條第2項、第3項）

故宮典藏文物中，如已逾上開所述著作財產權期間，已屬公共所有，不受著作權法保護。

文化資產保存法的特別規定

著作權法第43條規定「著作財產權消滅之著作，除本法另有規定外，任何人均得自由利用。」但是，公有古物的利用卻有另外的法律規定。

現行文化資產保存法第71條規定：「公立文物保管機關（構）爲研究、宣揚之需要，得就保管之公有古物，具名複製或監製。他人非經原保管機關（構）准許及監製，不得再複製。前項公有古物複製及監製管理辦法，由中央主管機關定之。」（2016年修法前的舊法爲第69條，修法後移列爲第71條，僅將第1項所定「古物保管機關（構）」修正爲「文物保管機關（構）」，其他文字不變。）

故宮博物院過往經常拿文化資產保存法上開條文規定（第69條）的大旗，揮向民間，一手找廠商授權開發「文化創意商品」，一方面對未付授權金即利用故宮典藏文物者恫嚇。

關於上開文化資產保存法規範公有古物的立法理由，學者或認爲係因「透過該古物之公立古物保管機關（構）因保管後之研究與維護所具備之專業能力，由其對於複製品之監製，確保公有古物之複製結果忠於原貌，不致因複製者之任意改變，造成公眾對於古物產生錯誤認知。」

文化資產保存法上開規定雖然賦予故宮對於公有古物具名複製或監製的權利，但該權利是否爲法律創設賦予故宮「專有」重製古物的權利？筆者認爲尚待商榷。

以著作權而言，我國著作權法授與著作權人十種著作財產

權，條文用語均為：「著作人……專有……之權利。」（參著
作權法第22條至第29條之1）；文化資產保存法第71條前段則
稱：「公立古物保管機關……得就保管之公有古物，具名複製
或監製」，就法條用語觀察，文化資產保存法所給予公立古物
保管機關者，顯然不是一種專有而排他的權利，而是一種法律
上特別允許該公立古物保管機關的具名複製措施。換言之，公
立古物保管機關不得以文化資產保存法第71條作為禁止、排
除他人重製古物的請求權基礎，更不得以本條文規定作為該公
立古物保管機關對古物有「所有權」的依據。

　　再就文化資產保存法第71條後段規定：「他人非經原保
管機關（構）准許及監製，不得再複製。」觀察。筆者認為，
依條文文義解釋，此處所稱「不得再複製」的對象，應該是文
化資產保存法第69條前段所規定公立古物保管機關就保管之
公有古物，所具名複製或監製的重製物。也就是說，當公立
文物保管機關具名複製或監製某古物後，就該古物的「複製
品」，非經公立文物保管機關准許及監製，不得再複製。

　　又，文化資產保存法第71條所稱的複製，如果依立法理
由「確保公有古物之複製結果忠於原貌，不致因複製者之任
意改變，造成公眾對於古物產生錯誤認知。」，則必須應該是
「原件翻製」，無論是尺寸比率、顏色或外觀，均須與原物同
一，否則如何能避免公眾對於古物產生錯誤認知？

　　因此，從文化資產保存法第71條的反面來解釋，如果不
是公立文物保管機關的「原件翻製」品，其他人要如何從事非
屬「原件翻製」之行為，如對於古物之直接攝影、仿製尺寸縮
小的古物玩偶等重製或改作，應無須公立文物保管機關之准許
及監製。

故宮授權商品

　　故宮為有效管理藏品圖像授權，落實文化創意產業發展法第21條規定，於2010年10月15日制定了「國立故宮博物院珍貴動產衍生（文化創意）產品管理及收費規定」，對於故宮的藏品圖像授權收費等事宜制定了相關規定，第12點甚至規定「申請人若未向本院提出申請或未經本院同意即擅行使用本院藏品圖像時，本院得依法請求損害賠償外，並得請求申請人支付相當於權利金十倍或查獲商品總價五十倍數額之賠償金。惟申請人雖有違反本規定情事，然於本院或司法機關查獲前即向本院補提申請者，本院得酌情從寬處理。」

　　故宮前開「國立故宮博物院珍貴動產衍生（文化創意）產品管理及收費規定」，從法律位階看，僅僅是行政規則，並不能作為限制或影響人民權利義務的法源依據，該規定第12點所稱損害賠償云云，大有問題。文化創意產業發展法第21條授權了故宮得以出租、授權或其他方式，提供其管理之圖書、史料、典藏文物或影音資料等公有文化創意資產供民間利用，並得收取一定的費用。

　　「國立故宮博物院珍貴動產衍生（文化創意）產品管理及收費規定」係故宮在將其「藏品圖像」提供給民眾使用時的相關程序及收費標準。今天一般文化創意產業如果希望使用故宮的「藏品圖像」來製作相關產品，最主要的原因可能是，該「藏品圖像」較為清晰，有利於製作產品的品質，另外就是掛上「故宮授權」可以增加產品的「品牌價值」，怎麼也不應該因為這個「管理及收費規定」，使得故宮變為典藏古物的所有人了。

　　故宮就其所保管之公有古物，僅僅是代替全民，甚至是代替後代子孫「保管」公有古物而已，不應該視古物為禁臠，汲汲於授權營利，要推展文化創意產業當然可以，但請不要忘了故宮的設立宗是為了：整理、保管、展出歷代古文物及藝術品，並加強對中國古代文物藝術品之徵集、研究、闡揚，以擴大社教功能。（國立故宮博物院組織法第1條參照）

　　新聞事件中所載有民間廠商推出「清明上河圖」、「富春山居圖」圖像製作應用程式。很顯然地，「清明上河圖」及「富春山居圖」的著作權期間均已屆滿而屬公共財，且廠商又非重製故宮的原件複製品，因此故宮所稱要求相關廠商排除侵害云云，恐無法律依據。故宮上開「管理及收費規定」由於爭議甚多，故於2014年6月5日廢止，另訂定發布「國立故宮博物館藏品圖像授權及出版授權利用辦法」。

影印教科書與著作權法

 案例

　　台中地檢署於2007年11月7日將一名影印原版書的莊姓學生，依違反著作權法起訴，並求處拘役二十天，為全國首例。就讀技術學院的莊姓學生昨晚表示，對於被起訴他覺得很冤枉，警訊時他雖認錯，但警方移送後，他一直沒接到檢方傳票，從未出過庭。他和多數同學一樣，只想省些書錢，沒有惡意。檢方調查，莊姓學生（二十七歲）3月中旬，拿出版商「雙葉書廊」所屬版權的「行銷管理」一書，到台中市文華路的富○彩印行，委託老闆張○○影印這本書的十個

章節，共277頁，每頁3.5角，共印了四份。檢方查出，「行銷管理」這本書原價660元，全書共608頁，莊姓學生影印了幾乎半本。每份影本收98元，張○○約賺20元。警方偵訊時，莊姓學生認罪知錯，與他同時影印的三名學生，因檢方旨在警惕，未再進一步追查他們身分。至於業者張○○，檢方在9月時已先起訴，因業者有違反著作權法前科，這次又被查獲，檢方向法官求處六個月有期徒刑，並聲請簡易判決。

著作財產權的觀念

　　就著作權法制定的歷史及現代商業眼光來看，著作財產權是著作權法規範的重點。著作權法的制定主要就是將作者的創作導入市場經濟，使權利人可以藉著著作權控制著作的各種市場用途，獲取市場的收益，這也是著作財產權的本旨。

　　我國目前著作權法給予權利人控制十種用途的著作財產權：(一)重製權；(二)改作權；(三)公開口述權；(四)公開播送權；(五)公開上映權；(六)公開演出權；(七)公開展示權；(八)公開傳輸權；(九)散布權；(十)出租權；其他不屬於法定權利範圍的用途，則屬社會大眾所有，著作權人無法禁止。

侵害重製權

　　著作權法第3條第1項第5款規定，「重製：指以印刷、複印、錄音、錄影、攝影、筆錄或其他方法直接、間接、永久或暫時之重複製作。於劇本、音樂著作或其他類似著作演出或播

送時予以錄音或錄影；或依建築設計圖或建築模型建造建築物者，亦屬之。」用影印機複製書本，這是重製行為，侵害了著作權人的重製權，依著作權法第91條第1項可處三年以下有期徒刑、拘役，或科或併科75萬元以下罰金，案例中的學生就是用這個條文處罰的，他運氣好，算是判輕的了，如果他是重製美國人的軟體，可沒那麼容易過關的。

這個案例其實還可以再想想，如果該本書籍是授課老師交給學生，明示或默許學生去複印，授課老師要不要負教唆或幫助的責任？

著作權的限制條款與合理使用

著作權法中的合理使用條款是著作權制度就公益原則所發展的重要表現，其適用的精神涵蓋文化發展、經濟因素、市場競爭，甚至與憲法中的人權保障均有關聯。我國著作權法將合理使用置於第三章（著作人及著作權）第四節（著作財產權）第四款（著作財產權之限制）內，立法意旨認為合理使用法則是對著作權人權利的限制，以免阻礙知識之利用。在法律適用邏輯上，先假定使用著作基本上為不法侵權行為，但因有合理使用情形，所以具備阻卻違法事由或欠卻實質違法性，故不予處罰。

與影印書籍最相關的條文是著作權法第51條，「供個人或家庭為非營利之目的，在合理範圍內，得利用圖書館及非供公眾使用之機器重製已公開發表之著作。」此處是針對個人或家庭為直接規範對象，條文並未區分未擁有著作物所有權的個人使用或擁有著作物所有權的個人使用，理論上均能適用，且只要是非營利目的，不過要注意的是，該條文有兩個要件：

1.需在合理範圍；2.且限定利用圖書館及非供公眾使用之機器。此二要件缺一不可。

　　新聞中那位倒楣的學生影印書籍，應該是供個人使用沒有問題，不過找影印店影印書籍，並不是利用圖書館及非供公眾使用之機器，另外重要的關鍵為是否在合理範圍重製？顯然司法不站在學生這一邊。

合理範圍——影印多少才不違法？

　　這是一個難題，有人說付印三分之一以內都不違法，請趕快忘記這種觀念！沒這回事！

　　著作權法第65條規定判斷合理使用有四項基準即：一、利用之目的及性質，包括係為商業目的或非營利教育目的；二、著作之性質；三、所利用之質量及其在整個著作所占之比例；四、利用結果對著作潛在市場與現在價值之影響。這四項基準並須就個案綜合判斷，實務上也不是說營利性質就不符合合理使用，而非營利行為就是合理使用，通常比較會發生影響力的是第三項及第四項基準。

　　也許有一個簡單、直接的初步判斷標準，就未擁有著作物所有權的使用人而言，例如新聞中學生跟其他同學借書去影印，因為使用者使用前並未在市場上以合理價格取著作物，使用後再付費購買著作物的機會也不大，對於著作權人在市場的收益自然會有影響，這種情形要主張合理使用免責的機會，幾乎沒有！

合理使用重點在規範競爭使用

　　合理使用是基於公益的目的而發展出來的法則，但並非營

利使用或商業使用就不能主張合理使用了，相反地，合理使用法則的重要性，往往是在商業使用中才能顯現。商業上的競爭使用是指其他作者、翻譯者、出版者於其競爭著作（或稱第二著作）中對原著作的特定使用。一般而言，無論創新的著作對文化貢獻多大，都不太可能憑空杜撰，毫無所本。如果我們允許著作權人（包括其繼承人或受讓人）得完全永久獨占其著作，不許他人使用，則其他創作者將無從利用有價值或無價值的作品，更為創新或發揚，除非是天才，否則所謂創新文化，將幾乎成為空談。

　　競爭者所在乎者，是競爭者得否出版其競爭著作（或稱第二著作），而享受著作財產權之權能，而原作者（或稱第一作者）所關心者係第二著作是否重製或改作了第一著作的內容，因而侵害了第一作者的著作財產權。

　　所以，第一作者與競爭者間競爭的標的是著作財產權。著作權人所在乎的保護，應該是在著作權市場上對抗不合法的剽竊者。而合理使用原則指允許競爭者在著作權市場上對第一著作的「著作財產權」為合理使用，既然只有競爭者才對使用「著作財產權」有興趣，因此有學者認為「合理使用條款」應稱為「合理競爭使用條款」。

挑戰新觀念——個人使用可否免責？

　　與前開競爭使用不同的是個人使用，使用者僅單純的使用著作，沒有藉使用著作而在著作權市場牟利之意圖，也沒有利用第一著作完成第二著作的問題，更沒有同時在市場上競爭的情形。承認個人使用的概念，可以強化著作權法亦保障使用者權的觀念，而且如果符合個人使用之要件，在一定的條件下，

就不必再檢視合理使用法則中較為抽象的標準。

美國學者L. Ray Patterson & Stanley W. Lindberg將個人使用定義為：對著作私下地個人使用，而不受合理使用條款之拘束，且個人使用不會有向公眾販賣或散布的情形，也不會對已存在市場具有合理價格的著作具有功能替代性；如果不符合個人使用要件，再檢驗是否符合合理使用。

我國著作權法於2004年修法時，於第91條第4項增列「著作僅供個人參考或合理使用者，不構成著作權侵害。」著作權法第65條第1項既然已經規定「著作之合理使用，不構成著作財產權之侵害。」第91條第4項除合理使用外又增列「個人參考」，令人不免想像我國著作權法是否除合理使用外，又增加了個人使用的免責空間。

經濟部智慧財產局對此做出解釋認為「第91條第4項所謂『僅供個人參考』僅在強調既有第44條至第65條合理使用條文中，與個人參考有關之事項，並未擴大既有合理使用條文之範圍，故並未在既有合理使用制度之外，另行創設一個刑事免責之範圍。」「第91條第4項『僅供個人參考』之規定，乃屬合理使用之例示規定，本身並未擴大或限縮第44條至第65條合理使用之範圍，於判斷有無違反第91條之1、第92條、第93條及第94條規定時，仍應判斷有無第44條至第65條規定，構成合理使用，以決定其是否違反各該條規定。」

筆者對經濟部智慧財產局的解釋是感到失望的，個人使用在一般人的生活中是常見的，尤其就擁有著作物所有權的個人使用而言，更有意義，特別在於表現所有權人於其財產的充分利用，而且不會傷害著作權人的商業利益。

例如當消費者花了大筆金錢購買了一張音樂CD，他當然

要防範該CD不慎毀損，他也會希望在家中、辦公室的個人空間及自用車上均能聆聽該CD內之音樂，基於這樣的目的，消費者將其購買的音樂CD，另外複製了好幾份，但均供個人使用，並無對外販售或散布之行為，事實上並不會減損該CD內音樂著作的市場價值。

個人使用者已經付出了一定的代價取得著作物，如能積極賦予使用者個人使用權，消費者考量付出合理的價格就可以充分享受該著作之市場價值，或許更能促使消費者願意付費購買著作物，使著作物的銷售量增加，在此情形，甚至不需考量合理使用的要件，就可以直接認定使用者的重製行為並不違法。

我偶爾上網花大錢買原文書，印刷精美、價格昂貴，怎麼捨得在上面畫線圈重點呢？所以收到新書第一件事就是全本複印，然後把新書供到書架上，要精讀、研究該書時，把複印本拿出來好好的圈圈點點寫心得，這樣的複印行為完全是個人使用，也不會讓該書在市場少賣一本（不要忘了，我已經買了一本），這樣的行為有必要處罰嗎？

DVD 的出租權爭議

 案例

　　商業周刊第1042期報導，中環集團控告威盛電子轉投資事業威望國際，侵害著作權法中的出租權。中環旗下的得利影視，付出大筆權利金，取得美國八大影業發行DVD的代理權，使得利影視得以再授權給一般DVD出租店，出租給DVD消費者。威望國際則開發一種新的商業模式，他們

主張取得正版DVD的所有權，再依著作權法第60條，得出租該DVD，因此設立網站，消費者在網站上選擇想要欣賞的影片，網站透過各種實體通路（如貨運、便利商店）把DVD交給消費者，消費者看完後再寄回網站。藉著網路的影響力，威望國際將DVD出租價格下殺至一半，如果順利跟超商合作，其租片點通路將大大超過傳統DVD出租店。得利影視控告的基礎則在於，威望國際所稱其享所有權的正版DVD，多是從得利影視授權出租店流出，而得利影視均與出租店簽約保留DVD所有權且禁止再轉租，既然威望國際並未真正取得DVD所有權，自不能主張享有著作物的出租權。

 解析

著作財產權——出租權

著作財產權重視的是，作者或權利人如何利用作品的不同市場用途獲得商業利益。我國著作權法給予權利人十種控制市場用途的著作財產權（重製權、改作權、公開口述權、公開播送權、公開上映權、公開演出權、公開展示權、公開傳輸權、散布權及出租權），其他不屬於法定權利範圍的用途，則屬社會大眾所有，著作權人無法禁止。

著作權法關於出租權的規範需要透過複雜的條文解析才能知道：

第29條

著作人除本法另有規定外，專有出租其著作之權利。

表演人就其經重製於錄音著作之表演，專有出租之權利。

第60條

　　著作原件或其合法著作重製物之所有人，得出租該原件或重製物。但錄音及電腦程式著作，不適用之。

　　附含於貨物、機器或設備之電腦程式著作重製物，隨同貨物、機器或設備合法出租且非該項出租之主要標的物者，不適用前項但書之規定。

　　我們先從第29條所規定「除本法另有規定外」來排除無出租權的情形，第60條第1項本文就敘明「著作原件或其合法著作重製物之所有人，得出租該原件或重製物。」這就是第29條所規定「除本法另有規定外」，在此我們可以知道，所有合法取得之著作均得出租；而第60條第1項但書規定「但錄音及電腦程式著作，不適用之。」條文意涵即為「錄音及電腦程式著作之所有人，不得出租該原件或重製物。」結合二條文，我們才能得出結論：「錄音及電腦程式著作之著作人，專有出租其著作之權利。」

　　透過上面的條文解析可以知道，只有錄音及電腦程式著作的著作人才有出租權。不過這裡還必須提醒，一般人也常常忽略了，著作財產權重視的是排他權，而非傳統物權的積極使用、收益、處分。以錄音著作的出租權而言，是指錄音著作的權利人「有權禁止」他人出租所擁有的錄音產品，而非在強調錄音著作的權利人「有權出租」所擁有的錄音產品。

　　總之，除了錄音著作及電腦程式著作外，其他類型的著作，任何人合法取得了著作物，都可以將之出租，沒有違法的問題。

著作類型——DVD的定性

我國著作權法將著作種類區分為語文著作、音樂著作、戲劇、舞蹈著作、美術著作、攝影著作、圖形著作、視聽著作、錄音著作、建築著作及電腦程式著作。

著作權所保護的著作，有些是人類自古以來就有的創作活動的產物，例如語文著作、音樂著作、戲劇、舞蹈著作、美術圖形著作、建築著作；也有因科技的發明創造新的表達工具，而發展出新的創作類型，例如：照相機的問世，帶來了攝影著作；電影的發明，創造了電影等視聽著作；錄音機的發明，產生了錄音著作；電腦技術，帶來電腦程式的著作。

這些著作種類並不是絕對的區分標準，只是幫助我們便於理解而已，現今多元化發展社會，有許多創作可以歸類為多種，而不是僅限於一種著作種類，也就是說上面的著作分類只是例示，實際上著作權法所保護的著作不以上述為限，未來因科技的發展而可能出現的新種類的著作，只要社會認為需要給予獨占權以激勵其發展的，都會受著作權法保護。

著作類型的定性，在著作權法上有其重要性，因為不同著作類性，所享有的著作財產權不同，例如重製權是所有類型的著作都可享有的，但是公開展示權就只限於未發行的美術著作或攝影著作。

上面提到，除了錄音著作及電腦程式著作外，其他類型的著作，任何人合法取得了著作物，都可以將之出租，沒有違法的問題。現在問題來了，影音光碟DVD屬於哪種類型著作？理論上可能可以定性為視聽著作，也有可能為錄音著作（除非是默劇，否則影片中當然有聲音）。

　　我國內政部在1992年6月10日公布的「著作權法第五條第一項各款著作內容的例示」，其中對於「視聽著作」定義為包括電影、錄影、碟影、電腦螢幕上顯示之影像及其他機械或設備表現系列影像，不論有無附隨聲音而能附著於任何媒介物上之著作；「錄音著作」則定義為包括任何藉機械或設備表現系列聲音而能附著於任何媒介物上之著作。但附隨於視聽著作之聲音不屬之。

　　所以，依現行我國法制，很清楚地可以知道影音光碟DVD被定性為「視聽著作」，而應與「錄音著作」區別對待。

影音光碟DVD的出租問題

　　經過上面的說明，新聞事件中威望國際到底有無侵害得利影視的著作財產權（出租權），關鍵可能在於，威望國際是否合法取得其所出租DVD所有權？這也將是雙方未來攻防的重點。

　　有評論者認為這件爭議突顯了著作權法在網路的不足。筆者認為，著作權法對網路上利用的保護是否不足，或許另有討論空間，不過這件爭議倒不是直接突顯著作權法在網路利用的問題。如果真的要檢討著作權法，只要檢討影音光碟DVD可不可以被定性為「錄音著作」以禁止出租，或是考慮要不要把「視聽著作」也納入禁止出租的範圍，這就看看相關廠商未來能在推動修法上，花多大的心力及財力了。

　　這件爭議並不是廠商把影片放在網路上供人下載（這有重製及公開傳輸的問題），這件爭議基本上是傳統的獲利模式面對一個新的商業模式挑戰。威望國際的商業模式只是把傳統租

片資訊的來源管道，轉換為以網路結合實體通路，網站可以節省店面開銷、方便消費者找片、拓展更多客源，而結合超商等多元實體通路，使消費者有更多、更方便的取還片管道，這當然對傳統租片商業模式帶來衝擊。

在這兩種新、舊商業模式中還有一個與著作權相關的重要因素，就是取得出租影片的成本。傳統出租店模式，廠商需大量壓片，相對地，與影片商談判出租授權的權利金時，往往需負擔大筆權利金；新的租片商業模式，以網路為介面，結合實體通路，考量是否符合著作權法時，則在於廠商願意付出多少錢來取得足夠市場需求的合法DVD所有權？

新聞事件中，得利影視似乎不相信威望國際所透過網路出租的DVD，每一片都有合法所有權，接下來我們或許會看到威望國際證明自己所出租影片均有合法所有權，或是相反地，得利影視拿出了威望國際出租無所有權DVD的證明。

其實從這件爭議出發，更值得觀察及思考的是，擁有大量片源的傳統影片出租業者，要不要認真思考他們可以在新的商業模式中，有沒有可能在壓低取得授權的成本，以及利用新的商業模式獲取更大利益；而身為消費者的社會大眾，又想得到什麼呢？

論文標註與合理使用

 案例

2010年11月22日各報報導國民黨邱姓立委指稱台中市長蘇姓候選人的碩士論文涉嫌抄襲哥哥的女婿陳○○，蘇的

競選執行總幹事說，論文註明來源就不是抄襲。邱姓立委指稱，蘇於2001年所撰寫畢業論文「地下水資源永續利用之管理策略分析——以屏東平原爲例」，除涉未引用出處，還涉抄襲陳○○等二人1999年所撰「台灣水資源環境空間永續利用」論文，經過初步統計，蘇的論文第一章有將近50%疑似抄自前開的論文，第二章有將近54%應爲全文照抄，第六章結論則有將近80%也疑似全文照抄。

 解析

著作財產權

著作權法的制定主要就是將作者的創作導入市場經濟，使權利人可以藉著著作權控制著作的各種市場用途，獲取市場的收益，這也是著作財產權的本旨。我國目前著作權法給予權利人控制十種用途的著作財產權：(一)重製權；(二)改作權；(三)公開口述權；(四)公開播送權；(五)公開上映權；(六)公開演出權；(七)公開展示權；(八)公開傳輸權；(九)散布權；(十)出租權；其他不屬於法定權利範圍的用途，則屬社會大眾所有，著作權人無法禁止。且前開權利所重視的是排他權，而非傳統物權的積極使用、收益、處分。

侵害著作財產權，依著作權法第91條以下之規定，有刑事責任，但是除了意圖銷售或出租而擅自以重製於光碟之方法侵害他人之著作財產權，或是明知係侵害著作財產權之重製物爲光碟而散布或意圖散布而公開陳列或持有者屬於非告訴乃論之罪外，其他侵害著作權犯罪均屬告訴乃論之罪。另外，民事賠償部分，更是需要受害人自覺受害而向侵權人主張權利。本

案據報導，原作者出面主張不認為被抄襲，所以這件爭議基本上不會進入法律爭訟。

合理使用

雖然這件事情不太可能進入司法爭訟，但是主張「論文註明出處就不是抄襲」，是極不洽當，也非常危險的。

在這件新聞敘述中，可能與合理使用的免責條款是，著作權法第65條第1項「著作之合理使用，不構成著作財產權之侵害。」以及著作權法第52條，任何人就已公開發表之著作，為報導、評論、教學、研究或其他正當目的之必要，在合理範圍內得以引用及散布，並依第64條規定，利用時應明示其出處。且都都應審酌著作權法第65條第2項合理使用的四項標準，即：一、利用之目的及性質，包括係為商業目的或非營利教育目的；二、著作之性質；三、所利用之質量及其在整個著作所占之比例；四、利用結果對著作潛在市場與現在價值之影響。

所以我們可以很清楚地知道，引用他人著作，註明出處僅是著作權法上基本的要求之一，如果引用的範圍並不在合理範圍，也不符合合理使用要件，依然是違法的。

結論

嚴格來說，本件不算是著作權法糾紛，違反學術倫理與否，是否應撤銷學位與否，都不在著作權法討論範圍，實務上也不乏就違反著作權法及違反學術倫理分開處理的案例。本案蘇陣營可以大聲說當事人間沒有任何控訴侵權的意思，但絕不可以大大方方地說論文有註明出處就不是抄襲。

著作權侵權攻防演練

案例

　　2007年11月間吳姓女作家兼電視節目主持人發表新書「那些EMBA教我的事」，遭鳳凰衛視台灣採訪主任蔡先生質疑，書中一篇描述賓士計程車司機的文章，和他去年11月放在個人部落格上的一篇文章十分雷同。吳書中第198頁提及台灣開賓士計程車的司機故事，與蔡個人部落格一篇「跟運將學企管」相似，有幾句一字不差。吳在「今晚誰當家」節目錄影前表示：「我手邊隨時有筆記本記下聽到的資料，至於是哪位司機說的，我記不得了，我只是敘事方法和他很像。」由於兩人舉的例子包括成本數字、利潤和車款都一樣，吳說：「這是成本會計觀念，好比現在菠菜多少，會不一樣嗎？」事後兩人和解收場。

著作權爭議的攻防重點

　　一般著作權爭議，由於著作權法有刑事責任之規定，所以權利人通常多先循刑事訴訟途徑訴追侵權人的刑事責任，以收嚇阻之效。以最常見關於侵害重製權的著作權侵權爭議的攻防焦點不外：1.著作是否具原創性、是否為著作權法所保護之著作；2.被控侵權人有無接觸著作權人的著作；3.被控侵權人所重製的物件是否與著作權人的著作實質近似；4.被控侵權人有無免責事由。

著作是否具原創性問題

　　依我國現行著作權法，作者完成作品時，自然地享有著作權，受著作權法的保護，不需要登記，也不需作類似「版權所有、翻印必究」的標示；不過，標示著作權資訊除可適當聲明自身權利外，也有利於其他利用者尋求授權，能降低交易成本，對權利人及社會大眾均屬有利。

　　著作要取得著作權保護，雖然不須登記或標示，只需創作完成就取得著作權，但基本上該完成的著作必須符合「原創性」（originality）要件。所謂原創性，係指著作的表達源於自己，只要不是抄襲他人的，就具備原創性，作者不論是天才藝術家或是一般凡人，也不論作品是不朽鉅著還是無聊塗鴉，只要是出於作者自身的創作，都具有原創性。

　　雖然原創性的概念在於區別並非抄襲他人作品，不在於著作的學術或藝術價值高低，不過原創性還是有最低的標準，我國司法實務上一般認為，著作權法上所稱之「著作」，必須是具有原創性之人類精神上創作，且達到足以表現出作者個性或獨特性之程度者而言。我國法院也曾認為所謂「原創性」，廣義解釋包括「原始性」及「創作性」，「原始性」係指著作人原始獨立完成之創作，而非抄襲或剽竊而來，而「創作性」，並不必達到前無古人之地步，僅依社會通念，該著作與前已存在之作品有可資區別的變化，足以表現著作人之個性為已足。

　　著作權與專利或商標須登記才取得保護不同，著作只要是原創的，就算是「很巧合地」與他人著作一模一樣，也只能當作是上帝在開玩笑，前後二份著作都受著作權保護。不過，較後公開的著作，顯然必須對於證明自己的著作具原創性這件

事，多用點心力了。

　　通常著作權人主張自己的著作已完成且為原創，有幾種方法：公開發表日期及方法、原稿、工作日誌、會議紀錄、證人等。如果在寫稿時是以筆寫在工作手冊，或許可以作為一種證明，如果是在電腦寫作，每次更新最後都能另存新檔，作為歷次寫作的證據。吳姓知名作家曾對媒體表示「我手邊隨時有筆記本記下聽到的資料，至於是哪位司機說的，我記不得了，我只是敘事方法和他很像。」如果真有這本筆記本存在，也是不錯的證據。

被控侵權人有無接觸著作權人的著作

　　新聞事件中，蔡先生在部落格發表的文章比吳小姐發表新書的時間早，但如此未必就能認為吳小姐在寫書前曾接觸過蔡先生的文章，尤其須考量蔡先生的文章是否在較多的媒體發表，以及其部落格的閱覽量等因素。

　　不過，由於部分文字的排列及標點符號都相同，在「接觸」這個要件上，很容易被推定為肯定的看法。

　　其實在網路時代，由於電子郵件到處轉寄，文章到處亂貼，充分發揮網路中分享與自由的精神，很多人都不瞭解過去或現在看過的文章到底出於何處，例如：李家同先生寫過一篇故事，敘述一位在孤兒院長大的孩子，在不知不覺中伴隨著動人的母愛成長，筆法生動，感人落淚。我第一次看到這篇文章時，是在網路上有人張貼說是真實故事，後來也收過電子郵件說是真實故事，主角還同是我新竹中學校友，後來才知道這是李家同先生杜撰的故事。

　　杜撰也好、真實也好，在文學上、藝術上都有一定的價

值，尤其是能打動人心的故事更是如此。不過，對創作者而言，在對於既有素材取材時，創作者自己認為面對的是真實的事件還是他人的創作，態度自然不同。如果我手邊的資訊是一個真實的社會事件，我在引用或利用時，或許比較不會考慮著作權的問題。

就此新聞事件來說，依常理及經驗判斷，一位知名作家去惡意抄襲他人著作的可能性實在不大，比較可能的情形應該在於自己或助理對於取材與查證的謹慎程度。

被控侵權人所重製的物件是否與著作權人的著作實質近似

有報導指出，兩篇文章對照下，不僅搭車情節相同、對話相似，連結構都一樣，甚至還有連續20多字、標點符號都一字不差。只是蔡先生的文章較長，約1,300字，且以第一人稱觀點描述，而吳小姐則以發生在朋友身上的事轉述，文章較短，約600字。

在實際攻防上，著作權人得主張侵權人完全抄襲，或雖未完全抄襲，但質與量實質近似；被控侵權人得主張兩者無實質近似，此時宜詳細敘明兩者不同處，且該不同處為重要要素。

被控侵權人有無免責事由

通常著作權爭議中，如果認定著作權人的著作受保護，而兩著作又實質近似，基本上即評價為侵權，不過被控侵權人得主張免責事由來脫免侵權責任，比較常見的免責事由有：僅理念相同而非表達形式相同（表達與構想區分原則）、著作權已消滅、個人使用抗辯、合理使用抗辯。這些免責事由與新聞事件較相關的是表達與構想區分原則，還有合理使用抗辯。

表達與構想區分原則

關於著作權保護的範圍，有所謂的表達與構想區分（expression/idea）原則，即指著作權僅存在於著作的表達方式，而非所表達的內容，此原則源於美國十九世紀的法院判例，而於1976年予以明文化立法，世界貿易組織（WTO）的與貿易相關之智慧財產權協定（TRIPs）則於第9條第2項有類似的規定，我國則於1998年修正著作權法時參考上開立法例，將此原則列為第10條之1：「依本法取得之著作權，其保護僅及於該著作之表達，而不及於其所表達之思想、程序、製程、系統、操作方法、概念、原理、發現。」

從此原則可推論出，著作人所享有的著作權僅及於著作的表達方式，至於表達的內容如：思想、程序、製程、系統、操作方法、概念、原理、發現等，均屬公眾得自由使用的範圍，可認為是公共財或公共領域的範圍，在此範圍，著作權人無權利可言，任何人均能無條件地利用。

此原則的立法目的，在於確保公共領域或公共財產不被作者個人所獨占，是著作權公益原則的具體表現之一。表達與構想區分的理論概念說起來很簡單，但實際應用卻複雜困難。表達與構想是個相對的概念，依著作的性質與種類而不同，例如：歷史小說的表達方式，經常因限於歷史事實而相對有限，在敘述歷史事實的情節時，難免與既有著作相近似，著作權法對此不妨採降寬鬆標準面對。相反地，像科幻小說就可任由作者憑空想像而無限制，從而科幻小說作者在設計相關情節時，即需僅慎是否與前人著作雷同。

如果表達與構想合致時，換句話說，除了這種表達方法之

外，沒有第二種方法可以表達該構想者，例如單純為傳達事實之新聞報導，此時表達與構想合而為一，無法區分，應將視之為著作表達的概念，不受著作權保護。

表達方式具有多樣性，隨著所表達的內容而有異，例如：機器的安裝、使用或維修手冊，因受制於機器的功能，其表達方式自然相對有限。而且此一原則與著作的篇幅長短也有關，例如：電腦軟體的表達方式，受速度與電腦記憶體的限制而有限，但如電腦軟體規模愈長愈大，其表達方式隨之愈多。

另應注意的是，表達方式少的著作，如仍具備著作權其他要件，只要不是表達與構想完全合致，仍然應該受著作權保護，只不過受保護的範圍會較小，換句話說，認定構成侵害著作權的相似程度，必須相對提高。

新聞事件中，兩篇著作雖然在成本數字、利潤和車款的描述都一樣，因此，此處倒是可以考量，如果是確實存在於世上的事實，對該等事實相關資訊的表達，可能都大同小異，換句話說，前面所說表達與構想完全合致的情形，也許可以適用。不過撇開資訊部分，如果文章布局、結構都近似，還是必須具體判斷。

合理使用

在這件新聞敘述中，可能與合理使用的免責條款是，著作權法第65條第1項「著作之合理使用，不構成著作財產權之侵害。」以及著作權法第52條，任何人就已公開發表之著作，為報導、評論、教學、研究或其他正當目的之必要，在合理範圍內得以引用及散布，但利用時應明示其出處。另兩條款都應審酌著作權法第65條第2項合理使用的四項標準，即：一、利

用之目的及性質，包括係爲商業目的或非營利教育目的；二、著作之性質；三、所利用之質量及其在整個著作所占之比例；四、利用結果對著作潛在市場與現在價值之影響。

吳小姐的新書如果引用他人創作的方式與程度，符合合理使用的標準，即便未事先告知，甚至未註明出處（符合著作權法第65條第1項及第2項情形），也不會有侵權的問題。（我們很少看到軟性的散文註明一大堆出處吧！）著作權法中所規定的合理使用，考量其他創作者或經濟性利用者，在利用著作時，儘量減少交易成本，促使創作更爲多元，本質上合理使用是「合理的競爭使用」。

利用他人著作，如果不是單純個人使用，而是一種競爭利用，就必須考量上面所說合理使用的四項基準了，這必須就個案綜合判斷了：

一、利用之目的及性質，包括係爲商業目的或非營利教育目的。原則上，非商業或非營利的利用，合理使用的空間較大。

二、著作之性質。原則上，創作性較高者，合理使用的空間較小。

三、所利用之質量及其在整個著作所占之比例。原則上，利用的質量所占比例愈大，成立合理使用的空間愈小。

四、利用結果對著作潛在市場與現在價值之影響。原則上，利用結果減損原著作經濟利益獲市場價值愈大，成立合理使用的空間愈小。

商業及文學的思考

許多法律問題的背後，其實是商業問題，法律的規定只是

幫助人們確認「不合作解決」的威脅價值而已，經濟學家常說，一件爭議的產生，通常在於交易雙方間的交易成本太高，以至於無法理性溝通，而現實生活中，我們可以發現，交易成本過高的原因，主要是來自於當事人忽略了無法達成交易的後果及影響。

　　文學價值有時與法律、道德都無關，而創作者的聲譽更不是用法律可以維護或捍衛的，創作者可否直接說服、打動讀者與社會大眾，可能比在法庭上打勝仗更重要。

國家圖書館出版品預行編目資料

輕鬆看著作權法／吳尚昆著. --三版--. --

臺北市：書泉,2020.08

　面；　公分

ISBN 978-986-451-191-4（平裝）

1.著作權法

588.34　　　　　　　　109007668

3U07

輕鬆看著作權法

作　　　者 — 吳尚昆（63.4）

發 行 人 — 楊榮川

總 經 理 — 楊士清

總 編 輯 — 楊秀麗

副總編輯 — 劉靜芬

責任編輯 — 黃郁婷、呂伊真

封面設計 — 王麗娟

出 版 者 — 書泉出版社

地　　　址：106台北市大安區和平東路二段339號4樓

電　　　話：(02)2705-5066　　傳　真：(02)2706-6100

網　　　址：http://www.wunan.com.tw

電子郵件：shuchuan@shuchuan.com.tw

劃撥帳號：01303853

戶　　　名：書泉出版社

總 經 銷：貿騰發賣股份有限公司

地　　　址：23586新北市中和區中正路880號14樓

電　　　話：(02)8227-5988　　傳　真：(02)8227-5989

網　　　址：http://www.namode.com

法律顧問　林勝安律師事務所　林勝安律師

出版日期　2008年5月初版一刷
　　　　　2014年9月二版一刷
　　　　　2020年8月三版一刷

定　　　價　新臺幣300元

經典永恆・名著常在

◆

五十週年的獻禮——經典名著文庫

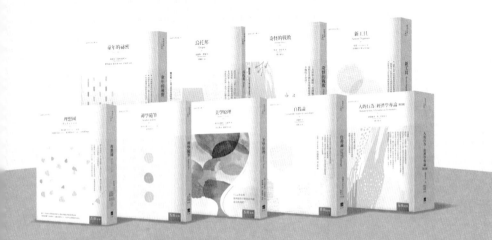

五南，五十年了，半個世紀，人生旅程的一大半，走過來了。
思索著，邁向百年的未來歷程，能為知識界、文化學術界作些什麼？
在速食文化的生態下，有什麼值得讓人雋永品味的？

歷代經典・當今名著，經過時間的洗禮，千錘百鍊，流傳至今，光芒耀人；
不僅使我們能領悟前人的智慧，同時也增深加廣我們思考的深度與視野。
我們決心投入巨資，有計畫的系統梳選，成立「經典名著文庫」，
希望收入古今中外思想性的、充滿睿智與獨見的經典、名著。
這是一項理想性的、永續性的巨大出版工程。
不在意讀者的眾寡，只考慮它的學術價值，力求完整展現先哲思想的軌跡；
為知識界開啟一片智慧之窗，營造一座百花綻放的世界文明公園，
任君遨遊、取菁吸蜜、嘉惠學子！